Reinold Paul Kern

Beiträge zu einer Charakteristik des Dichters Tiedge

Reinold Paul Kern

Beiträge zu einer Charakteristik des Dichters Tiedge

ISBN/EAN: 9783743489080

Hergestellt in Europa, USA, Kanada, Australien, Japan

Cover: Foto ©Thomas Meinert / pixelio.de

Manufactured and distributed by brebook publishing software (www.brebook.com)

Reinold Paul Kern

Beiträge zu einer Charakteristik des Dichters Tiedge

Beiträge

zu einer

Charakteristik des Dichters Tiedge

INAUGURAL-DISSERTATION

ZUR

ERLANGUNG DER DOCTORWÜRDE

BEI DER

HOHEN PHILOSOPHISCHEN FAKULTÄT

DER

GEORG-AUGUSTS-UNIVERSITÄT ZU GÖTTINGEN

EINGEREICHT

VON

REINOLD KERN

aus Danzig.

BERLIN 1895.

Verlag von Speyer & Peters

Buchhandlung für Universitäts-Wissenschaften

43 Unter den Linden 43.

Tag der mündlichen Prüfung:
24. Juli 1895.
Referent: Herr Professor Dr. HEYNE.

Dem Andenken meines Vaters.

Tiedge, der früher viel gelesene, jetzt kaum mehr gekannte Dichter der Urania ist nur selten zum Gegenstand einer litterarhistorischen Untersuchung gemacht worden und doch bietet auch er dem Litterarhistoriker, aber auch nur diesem — auf ein allgemeines Interesse darf der Dichter nicht mehr rechnen — eine anziehende und reizvolle Beschäftigung.

Also nicht den Dichter aus seiner Vergessenheit wieder heraus zu reissen und seine Werke von neuem zu empfehlen, wird die Aufgabe der folgenden Blätter sein; sondern nur eine litterarhistorische Würdigung, die den Dichter aus seiner Zeit heraus zu begreifen sucht, soll hier gegeben werden.

Wohl bei keinem andern Dichter Deutschlands kann man so deutlich wie gerade bei Tiedge den wandelbaren Geschmack des Publikums erkennen. Bei seinen Lebzeiten überschwänglich gelobt und gepriesen, ist er jetzt bis auf einige wenige Verse, die sich noch im Volksmunde erhalten haben und die in Büchmanns „geflügelten Worten" aufbewahrt werden, in völlige Vergessenheit geraten. Aber auch kein andrer Dichter, so darf man auch behaupten, ist jemals so beeinflusst worden von anderen, wie Tiedge.

Daraus ergeben sich die beiden Wege, denen die Untersuchung zu folgen hat, einmal den Dichter in seiner Wirkung auf Mit- und Nachwelt darzustellen, dann aber seine Abhängigkeit und Beeinflussung von zeitgenössischen Dichtern zu zeigen. Aus letzterem erklärt sich das erstere. Was die Zeitgenossen so sehr an Tiedge bewundert haben, das dankt er allein Schiller, in dessen Banden er vollständig gefangen war. Der Einfluss, den andere auf ihn ausgeübt haben, will dagegen nichts bedeuten.

I.

Tiedge im Urteil der Zeitgenossen.

Tiedge hat nicht, wie manche andere Dichter, die bedeutender als er waren, den Schmerz erfahren müssen, schon bei Lebzeiten seinen Ruhm verdunkelt zu sehen. Bei ihm ist das Wort aus der Urania I, 13[1]):

> Eh' der Rasen uns begräbt,
> Hat uns schon die Zeit begraben.

---

[1]) Die Citate aus Tiedges Werken sind, wenn nicht ausdrücklich anders angegeben, der letzten Ausgabe (10 Bändchen. Leipzig 1841. 4. Auflage) entnommen.

nicht zur Wahrheit geworden. Bis zu seinem Tode, der ein langes Menschenleben beschloss, ist er von Bewunderern und Verehrern seiner Muse umgeben gewesen und in zahlreichen Gedichten gefeiert worden. Ja, kurz nach seinem Tode machte sich die Verehrung für ihn in einer Weise geltend, wie sie später erst einem Schiller zu Teil geworden ist. Man fasste den Plan zu einer Tiedgestiftung, die am 24. Oktober 1842 die Genehmigung des sächsischen Kultusministeriums erhielt und die denselben Zweck verfolgt, wie die Schillerstiftung, bedeutende Erscheinungen auf dem Gebiete der deutschen Dichtkunst durch Preise anzuerkennen. Im Verlage dieser Stiftung erschien auch im Jahre 1843 ein Tiedgealbum, das Beiträge in Form von Gedichten von namhaften Dichtern, wie E. M. Arndt, Rückert, Freiligrath, Ludwig Tieck und anderen brachte. In dem Vorwort zu diesem Album wird des Dichters noch mit glühender Begeisterung gedacht. Er wird ein „dichterischer Genius" genannt, „der die Lebensfragen, Entstehen, Sein, Tod — Gott, Unsterblichkeit in dem Gewande der erhabensten Lyrik in einer Sprache voll des reinsten Wohllautes gelöst hat, wodurch der Sinn so vieler Lebensmüden gestärkt und die unsichere Überzeugung so mancher Zweifler auf immer befestigt ist".

Doch nur allzuschnell erlahmte das Interesse an dem Dichter, schon im nächsten Jahre hörte das Album zu erscheinen auf. Erst aus Anlass des fünfzigjährigen Todestages Tiedges versuchte es wieder ein Aufsatz in der Didaskalia und in der Kieler Zeitung, beide von demselben Verfasser, mit der Aufschrift „ein Halbvergessener" das Interesse an dem Dichter neu zu beleben. Aber vergebens. Der Geschmack des Publikums, dessen Liebling einst Tiedge war, ist ein anderer geworden. Und wer könnte es ihm verargen, dass es an den Episteln und an der Urania, die einige wenige Gedanken, die zumeist nicht original sind, in ermüdender Breite immer von neuem ausspinnen, sich nicht mehr erbauen kann?

Hören wir nun die Stimmen, die seiner Zeit den Ruhm Tiedges verkündet haben. Da ist es vor allem der Gleimsche Kreis. In ihm wurde Tiedge zuerst als Dichter anerkannt und wie wurde er gleich überschätzt! In übertriebenster Weise sang Gleim das Lob des Dichters. Seine Gedichte galten als Proben der höchsten Poesie. Ein Brief Gleims an Tiedge vom 16. März 1794[1]), giebt hierfür ein beredtes Zeugnis. Ich gebe den Brief, der auch dadurch interessant ist, dass er als einziges Zeugnis eines Zeitgenossen Tiedges Abhängigkeit von einem anderen Dichter, wenn auch nur schüchtern und wohl nur wegen desselben Versmasses zugesteht, hier wörtlich wieder.

---

[1]) Noch ungedruckt. Das Original befindet sich im Halberstadter Gleimarchiv.

An Tiedge zu Emersleben.

Halberstadt, den 16. März 1794.

Unbegreiflicher Tiedge! Hexenmeister! Zauberer! wie soll ich Sie nennen? Zu solchen Zeiten solch ein Gedicht? Bürgers Dörfchen schien mir unübertrefflich, nun ist's übertroffen! Hier ist mehr als ein gentil Bernard sagte gestern der alte Gleim, der Vorleser und Klamer Schmidt, der grosse Kenner und Freund der kleinen Verse stimmte zehnmahl mit ein! Um achte lass ich, bis um halb elfe wurde Lob geredet und wärs nicht Nacht gewesen, nicht unrecht, die Schläfer aus dem Schlaf zu wecken! so wär's ausposaunt! Diesen Morgen, itzt mag's drey Uhr seyn (ich bin aufgewacht, und der erste Gedanke war an den lieben Unbegreiflichen und seine von allen, eines edlen Neides fähigen Menschenkindern zu beneidende Geisteskraft). Diesen Morgen um acht Uhr solls ausposaunt werden! Wär's doch gleich hier, dass ich von dem herrlichen Liede wie von meiner Muse mich begeistern lassen könnte! Schmidt hat's mitgenommen gestern Abend! Ich konnte seiner flehenden Bitte nicht widerstehen. So bald der Tag graut, lass ichs holen, ich hab's nur vorgelesen, nu muss ich's studieren! Gestern Abend schon wurde es studiert; einen Fehler fand Schmidt! Es war ein i n, wir andern zankten darüber mit ihm! Die alte Nichte sagte, sie könn' es nicht leiden, dass man nach so viel Lobe tadelte, das wäre nicht recht. Die alte Nichte hat den Horaz nicht gelesen und urtheilte doch wie Horaz — Ubi plura nitent s. s. Unser Klamer ist ein arger Kunstgrübler, von offendar paucis[1]) sagte Horaz, hier war's nur ein I n, das ihn beleidigte || 2 S. ||. Wir werden ihn noch recht mit diesem seinem feinen Ohrgefühl quälen! Im Übrigen aber war er, wie wir alle bezaubert; Hunderte von neuen Gedichten gäb' ich für dies Eine, Tausend gäb' ich, rief Klamer! Wie wird Voss, der Vater des Findelhauses sich freuen! Solch ein lieblich schönes Gedicht hat er noch nicht aufgenommen! Klamer, der so künstlich bitten kann, dass man etwas ihm abzuschlagen nicht fähig ist, bat mich, das neugebohrendste der lieblich schönen Kinder an Freund Voss übersenden zu dürfen, ich muss es ihm erlauben; lieber hätt' ich's Fischern gegeben in die deutsche Monatsschrift, weils in dieser den Preussen mehr Ehre machen würde, als in dem letzten Monatsstücke des guten Knesebecks Kriegerlied den Preussen machen konnte, hätt' auch von keinem Bitten und Flehen mich überwinden lassen, wenn unser Fischer nicht ein wunderlicher Heiliger wäre! mir unbegreiflich fast wie Tiedge; Sie wissens Lieber! wie mir's mit Langens Ode gegangen ist. — Indess wir wollen mit der Absendung bis auf den Freytag anstehn, und Sie sollen entscheiden. Auf den Freytag also freu' ich mich wie auf den

---

[1]) Horaz Epistel II, 3 V. 351 f.
Verum ubi plura nitent in carmine, non ego paucis
Offendar maculis.

Christtag, denn Sie wollen mir mehr der lieblichsten Musenkinder zu sehen geben, das ist herrlich; nur gebe der Himmel uns die Geduld, so lange zu warten! Neigung zum wiedereinschlafen giebt er mir! Leben Sie wohl! Sie Zauberer, Sie Hexenmeister, Sie Unbegreiflicher und empfehlen Sie mich der Muse, die uns durch Sie bezaubert und der Frau von Emersleben zu Gnaden, die kleinen Damen nicht zu vergessen. Gleim.

Es handelt sich hier um das im Vossischen Musenalmanach von 1795 S. 71—89 abgedruckte Gedicht „an Lina" im März 1794, das in den gesammelten Werken (VII, 142 „an Caroline") nur in sehr verstümmelter Form erscheint. Auch ich gebe zu, dass dies Gedicht dem Dichter besser gelungen ist, als manche seines späteren Alters; aber in das volle Lob Gleims einzustimmen und dasselbe über „das Dörfchen" von Bürger zu erheben, wird wohl heute keiner mehr vermögen.

Von den übrigen Briefen Gleims an Tiedge, unter denen sich noch manche derartige Lobeserhebungen finden, hebe ich nur noch den einen hervor, den Gleim kurz vor seinem Tode an Tiedge schrieb, weil in demselben ein Urteil Gleims über die Urania enthalten ist. Gleim schreibt unter dem 3. December 1802[1]) an Tiedge: „Ihre Urania liebster Freund ist ein Beweiss für die Unsterblichkeit. Ein sterbliches Wesen konnte solch ein unsterbliches Werk nicht hervorbringen."

Wichtiger als diese überschwänglichen und nichtssagenden Lobeserhebungen ist für uns das Urteil, das August Wilhelm Schlegel über unsern Dichter gefällt hat. Oft hat derselbe Gedichte von Tiedge, die verstreut in Almanachen erschienen, kritisiert. Am ausführlichsten ist die Recension des ersten Teiles der Schriften Tiedges (Göttingen 1796), die er in der Jenaer allgemeinen Litteraturzeitung 1796[2]) veröffentlicht hat. Schlegel hält Tiedgen für einen durchaus „schätzbaren" Dichter, dessen Episteln an Rosalie und Gleim vortrefflich seien. Im edelsten Stil gedichtet und wahrhaft erhaben sei das Bild in der Epistel an Gleim vom Jahre 1792, worin der Dichter sich gegen die Beschuldigung rechtfertigt, als ob die Teilnahme an den Zeitbegebenheiten ihn der Freundschaft entzöge. Überhaupt seien die Schönheiten in den Episteln überwiegend, wenn auch hier und da etwas auszusetzen sei. Und doch hat Schlegel bei allem Lobe die Fehler der Tiedgeschen Dichtungen klar erkannt, wenn er sie auch nur obenhin behandelt. So hebt Schlegel auf S. 251 treffend hervor: „Es möchte schwer sein, von manchen dieser Episteln einen recht zusammenhängenden Entwurf zu geben. Auch sind sie nicht frei von Wiederholungen: eine natürliche Folge davon, dass sie

---

[1]) Im Halberstadter Gleimarchiv in der Abschrift noch erhalten, bei Falkenstein C. A. Tiedges Leben und Nachlass Bd. 1, S. 267 f abgedruckt, doch nicht ohne Ungenauigkeit.

[2]) Wieder abgedruckt in A. W. Schlegels Werken X, 247 ff.

so lang ausgesponnen werden. Es ist als ob der Verfasser die Überzeugung von manchen Wahrheiten sich immer noch fester und gegenwärtiger zu machen suchte und sie deswegen von allen möglichen Seiten fasste. Darüber vergisst er dann zur rechten Zeit aufzuhören".

Ist das nicht der Fehler seines späteren Gedichts, der zu so unverdienter Berühmtheit gelangten Urania? Vermisst man nicht gerade bei ihr jede Continuität und Reciprozität, um mit Schiller zu reden? Ob Schlegel, als er die spätere Entwickelung des Dichters sah, noch eben so günstig über ihn geurteilt hätte, ich fürchte nicht, denn die Schattenseiten Tiedges, die mit den Jahren nicht verschwanden, sondern nur greller und greller hervortraten, waren ihm schon damals nicht verborgen geblieben.

Populär wurde Tiedge erst im Jahre 1801 durch das Erscheinen seiner Urania. Der Beifall, den dieselbe fand, war so allgemein, dass der Umstand, wie L. Brunier „Elisa von der Recke" 1879 S. 164 treffend bemerkt, dass eine hochbegabte Minderheit an der Urania kein Genüge fand, den Spruch der damals Geltung habenden Mehrheit nicht ändere. Wie früher der Gleimsche Kreis das Lob des Dichters verkündet hatte, so war es jetzt der Kreis, der sich um Elisa von der Recke scharte, mit der Tiedge von 1802 bis zu ihrem Tode im Jahre 1832 zusammenlebte. Von ihr erzählt Parthey in seinen nur „als Handschrift gedruckten" Erinnerungen Band 2. S. 2. „Tiedges Urania hatte gleich bei ihrem ersten Erscheinen an Frau von der Recke eine unbedingteste Verehrerin gefunden. Sie hielt das Gedicht für die vollkommenste Schöpfung der deutschen Poesie. Sie besass es in verschiedenen Ausgaben und mehreren Exemplaren. Sie ward nicht müde, dasselbe mit immer neuem Genusse durchzulesen. So wie andere fromme Seelen zur Erbauung in der Bibel oder im Gesangbuche lesen, so begann sie morgens ihr Tagewerk mit einem Gesange aus der Urania. Ich sah später in Heidelberg bei ihrem Neffen, dem Grafen Paul von Medem (zuletzt russischem Gesandten in Wien) ein Exemplar der Urania, das sie ihm als höchstes Zeichen ihrer Liebe geschenkt. Man bemerkte darin, wie sie angefangen hatte, die schönsten Stellen mit Tinte zu unterstreichen und wie nach und nach das ganze kleine Maroquinbändchen zu dieser Ehre gelangt war[1]). Bei einer ferneren Lesung wurde eine Menge der ausgesuchtesten Stellen, gewiss ein Drittel des Buches doppelt

---

[1]) Dies erinnert an Gellert, der nach der Lektüre von Hallers Gedicht „über den Ursprung des Übels" folgende Verse dichtete:

Des Übels Ursprung las ich jüngst in Hallers Werken
Und nahm mir vor mit einem Strich
Die besten Stellen zu bemerken.
Ich las, strich an, las fort, strich an und freute mich
Und da ich fertig war, sieh' da war alles Strich.

unterliniirt und einige ganz überschwängliche Verse zeigten sogar eine dritte Potenz des Lobes". Eine ebenso lächerliche Überschätzung und Verehrung Tiedges zeigt sich bei seinem Freunde, dem Dichter Eberhard. In dem Buche „Blicke in Tiedges und Elisas Leben" Berlin 1844 von A. G. Eberhard, das den Dichter gegen mannigfache Angriffe, gerechte und ungerechte, zu verteidigen sucht, heisst es: „Sein Name wird doch nicht untergehen; er wird immer zu den ausgezeichnetsten, begabtesten Geistern seines Vaterlandes, sowie seine Urania zu den glänzendsten und wertvollsten Erscheinungen unserer poetischen Litteratur gezählt werden müssen. Sein Name wird noch mit Achtung und Anerkennung genannt werden, wenn die Namen fast Aller, die jetzt vornehm über ihn absprechen, längst vergessen sein werden. — Seine hohe Ehrensäule kann der Modewind wohl mehr oder weniger mit Flugsand bewehen, aber umstürzen und zertrümmern wird er sie gewiss nicht; und so ein missliches Ding es auch mit schriftstellerischer Ehre und Unsterblichkeit ist: so wird sein Name doch gewiss zu denen aus unserer Zeit gehören, die am längsten und achtungsvollsten genannt werden."

Diese panegyrischen Worte entflossen der Feder des Freundes, als schon die Vergessenheit mit ihren dunkel nachtenden Schwingen sich über den Dichter zu breiten begann, aus der er nicht wieder erwachen sollte.

Doch genug der lobenden Stimmen[1]), die sich noch leicht vermehren liessen, um zu denen zu gelangen, die in jenen Zeiten der allgemeinen Begeisterung für den Dichter einsam dastanden mit ihrem abfälligen Urteil. Allerdings waren der Tadler nur wenige, aber durch die Macht ihrer Persönlichkeit fallen sie desto mehr ins Gewicht.

Zuerst mag hier an die anonyme Recension (M. M. M. unterzeichnet) in der Jenaischen allgemeinen Litteraturzeitung vom Jahre 1806 Nr. 183 erinnert werden, die uns die Schwächen der Tiedgeschen Dichtungen, ohne ungerecht zu sein, in grellster Beleuchtung zeigt. Eberhard a. a. O. S. 26 hat die Vermutung aufgestellt, dass die Recension „einen Tiedgen sehr abgeneigt

---

[1]) Besonders verweise ich hier noch auf die Recensionen der Urania, welche die „Zeitung für die elegante Welt" in No. 64 des ersten Jahrgangs 1801 (erste Auflage) und in No. 43 des achten Jahrgangs 1808 (vierte Auflage) brachte. Auch Tiedges Liedercyclen „Alexis und Ida" und „Ännchen und Robert" erfuhren im zwölften Jahrgang 1812 S. 1687 und im sechzehnten Jahrgang 1816 S. 5 dieser Zeitung eine ebenso günstige Beurteilung. Endlich mag noch erwähnt werden, dass zwei Dresdener Beamte, einander befreundete Männer, Menke und Hohlfeldt durch Tiedges Urania begeistert wurden „Blätter zur Befestigung des Glaubens an Gott und Unsterblichkeit" im Jahre 1810 herauszugeben, die von ihnen „Urania die Jüngere" genannt wurden, um sie, wie es in der Vorrede heisst, „von Tiedges trefflicher Urania zu unterscheiden."

gewesenen — damals in Halberstadt lebenden Dr. Cramer" zum Verfasser habe [1]).

Von Goethe [2]), der in Carlsbad Tiedges persönliche Bekannt-

---

[1]) Diese Vermutung wird unterstützt durch die Notiz, die sich auf einem kleinen blauen Zettel (aufbewahrt in der Berliner Königlichen Bibliothek unter anderem handschriftlichen Nachlass Tiedges) befindet, der in schöner regelmässiger Schrift, doch ohne Namensunterzeichnung geschrieben ist. Am Ende dieser Notiz, die Tiedgen gegen die Verdächtigungen, er habe als Hofmeister ein unerlaubtes Verhältnis zu seiner Patronin gehabt, in Schutz nimmt, heisst es „Friedrich Cramer hat eine bittere Kritik der Tiedgeschen Gedichte in der Jenaer Litteraturzeitung geliefert, bezeichnet M. M. M."

[2]) Wie Tiedge über Goethe urteilte, erfahren wir aus Partheys „Erinnerungen" Bd. 2, S. 9f. Treffend bemerkt derselbe, dass sich kaum grössere Gegensätze als Tiedges unbestimmte marklose Gefühlsverschwommenheit und Goethes grossartige Plastik denken lassen. In „den Wanderungen durch den Markt des Lebens", im 3. Buch „Wanderungen durch den Markt des Ruhmes" dieser gereimten Litteraturgeschichte, konnte es Tiedge nicht umgehen, auch Goethen ein Denkmal zu setzen, doch nicht ohne seine Abneigung gegen manche seiner Lieder — er hat wohl die Römischen Elegieen dabei im Auge — zu verhehlen. Nachdem er dem Goethischen Gedicht „der Gott und die Bajadere" seine volle Anerkennung gezollt hat, fährt er X, 94 fort:

> Welch ein Lied! — Doch kam mir vor,
> Als ob viele von den Klängen,
> Die sein Lautenspiel verlor,
> Sich nicht eben hoch empor
> Über die Gemeinheit schwängen,
> Und sogar nicht göthisch klängen.
> Ob auch widerliches Lob
> Recht, als wollt' es ihn verhöhnen
> Mit den unsinnvollsten Tönen
> Alles, was er gab, erhob.

Für Iphigenie und Tasso hat Tiedge nur die nichtssagenden Reime: X, 48.

> Aber, welche Töne klangen,
> Als ich Göthes Feier prangen
> In der Kronenfülle sah!
> Alle Lorbeerhaine sangen:
> Tasso, Iphigenia!

Um in dem „Frauenspiegel" die Blaustrümpfe zu charakterisieren, lässt Tiedge eine „wohl belesene Frau mit klugem Blick und gelehrtem Wesen" folgendes sprechen (Werke V, 113):

> Werthers Missgeschick
> Hab' auch ich gelesen
> Und, fürwahr! man muss
> Ihm die Lotte gönnen;
> Aber mit dem Schuss
> Hätt' er warten können.

schaft gemacht hatte, haben wir mehrere Äusserungen, die alle unverhüllt zeigen, wie wenig er von Tiedge als Dichter hielt. Die erste Äusserung findet sich in den Tag- und Jahresheften 1819 Hempel S. 249 f, Abschnitt 984 . . . . „Generalsuperintendent Krause erschien als tiefkranker Mann, und man musste vielleicht manche schwache Äusserung einem innewohnenden unheilbaren Übel zuschreiben. Er empfahl den oberen Klassen des Gymnasiums Tiedges Urania als ein klassisches Werk, wohl nicht bedenkend, dass die von dem trefflichen Dichter so glücklich bekämpfte Zweifelsucht so ganz aus der Mode gekommen, dass niemand mehr an sich selbst zweifle und sich die Zeit gar nicht nehme, an Gott zu zweifeln." Hiermit deckt sich das Urteil, das Goethe nach Parthey a. a. O. Bd. 2. S. 2. über die Urania gefällt haben soll „er halte es für überflüssig, das Dasein Gottes zu beweisen, da man soviel anderes nothwendigeres auf der Welt zu thun habe." Vielleicht aber ist dies nur ein ungenau wiedergegebenes Citat der vorstehenden Goethischen Worte. Eckermann berichtet unter Mittwoch den 24. Februar 1824 folgendes: „Bei Tisch zeigte Goethe Eckermann das Namenbuch der Frau von Spiegel. Gleich hinter den Versen, hinter denen sich Goethe eingetragen hat, steht ein Gedicht Tiedges im Stil der Urania. In einer Anwandlung von Verwegenheit wollte G. einige Verse darunter setzen, er unterliess es dann aber. Dann sagte er weiter, dass er von der Urania viel auszustehen gehabt habe, die immerzu gesungen und deklamiert worden sei. Die Urania ist seiner Meinung nach für Frauen. Ferner sind Unsterblichkeitsgedanken für solche, die in Hinsicht auf Glück nicht zum Besten weggekommen sind und ich wollte wetten: wenn der gute Tiedge ein besseres Geschick gehabt hätte, so hätte er auch bessere Gedanken." In Hinblick auf diese Kritik Goethes können die Worte in seiner ersten Äusserung „der treffliche Dichter" und „so glücklich bekämpft hat" wohl nur ironisch gemeint sein.

Manch bitter spottendes Wort über Tiedge findet sich auch in dem Goethe-Zelterschen Briefwechsel. So verwünscht Goethe in einem Brief an letzteren vom 22. Januar 1808[1]). „Die Matthissons, Salis, Tiedgen und die sämmtliche Klerisey, die uns schwerfällige Deutsche sogar in Liedern über die Welt hinausweist, aus

---

Deutlich spricht Tiedges Abneigung gegen Goethe aus folgenden Versen:
X, 18.
      . . . . . . hier schreien
  Und streiten heftig zwei Partheien
  Sich über Goethes grossen Geist.
  Wohl etwas unverschämt vergöttern ihn die Einen
  Indess der andre Theil an seinem Lorbeer reisst u. s. w.

[1]) Briefwechsel zwischen Goethe und Zelter in den Jahren 1796—1832. Herausgegeben von F. W. Riemer. Berlin 1833—34. Band 1, S. 296.

der wir ohnehin geschwind hinauskommen." Und Zelter beklagt sich bei Goethe darüber (16. May 1826 Band 4 S. 157) dass ihm einer „Gott weiss wer? Tiedgens sämmtliche Werke zum Geschenk geschickt habe." „Ich bin erklammt", ruft er aus, „so erstarrt man über solche Mineralbrunnencurpoesie, die wie kalter Sprudel statt aufzulösen obstruirend wirkt: denn, was wirklich ärgerlich ist, wie solche Gedanken-Misere zu manchem schönen Vers kommt! den man wie einen verirrten Wanderknaben fragen möchte: von wannen er kommt?" Ein ander Mal (27. Januar 1808 Band 1. S. 296) droht Zelter Goethen, wenn er ihm nicht die versprochenen Sonette schickte, Elegieen und Hymnen von Tiedge zu componieren und sie ihm „zur Landplage" zu schicken. Und in der That hat Zelter einen Hymnus an die Sonne von Tiedge componiert aber nur, wie er schreibt, weil er in Berlin anwesend war, und um sich die Gunst der Frau von der Recke zu erhalten.

Am ärgsten wurde die Urania mitgenommen durch die Parodie[1]) „Rhinozeros ein Anhang zu Tiedges Urania" Nürnberg 1810. = „Merkwürdigkeiten auf den Leipziger Messen." Verfasser ist der Dichter Gottlieb Wetzel, auf dessen hohe lyrische Begabung Heine in der „Romantischen Schule" aufmerksam gemacht hat. Diese Parodie jedoch ist äusserst schwach; interessant sind nur die Verse 809f., die auf die Kantische Philosophie als Quelle der Urania hinweisen:

> Ich existiere nur, wenn mich die Leute lesen,
> Ein blosses Echo von — Herr Kant.

In den „Hasseschen Zeitgenossen" Bd. 16 Leipzig 1818, die eine kurze Charakteristik Tiedges von einem anonymen Verfasser bringen, findet sich ein Urteil über den Dichter, das der heute geläufigen Auffassung über denselben schon sehr nahe kommt. Die günstige Aufnahme, welche die Urania erfahren habe, lasse

---

[1]) Die Parodie galt Tiedgen als Prüfstein für den Wert oder Unwert eines Werkes, denn nur wirklich grosse Dichtungen würden parodiert. Diese Ansicht vertritt Tiedge in einem Gespräch mit seinem Freunde Wessenberg (C. A. Tiedges Leben und poetischer Nachlass herausgegeben von Falkenstein. Leipzig 1841) Band 1, S. 79: „Du kaufst Deinen Beifall sehr wohlfeil. Es ist nichts leichter, als das Grosse, das Erhabene zu parodiren, wozu kein sonderlicher Aufwand von Einbildungskraft, Witz und Erfindung erforderlich ist. Der Parodist gewinnt sein Spiel, wenn er die Hoheit seines Gegenstandes in Verbindung mit der Niedrigkeit gemeiner Lebensverhältnisse bringt: denn daraus tritt sodann ein Gegensatz hervor, der das Lachen erregt. Man lacht über das Niedrige, welches an dem Hohen hinaufkriecht, nicht über das Hohe, welches der Parodist zu dem Niedrigen herabzuziehen vermeint. Nur an dem wahrhaft Hohen kann sich der freche Mutwille so versündigen; ja man möchte fast sagen: die Probe der Erhabenen ist, dass es parodiert werden kann. Ein Werk der Mittelmässigkeit — man schreitet achtlos darüber hin — es kann nicht parodiert, nicht lächerlich gemacht werden."

sich nur aus den von Himmel in Musik gesetzten lyrischen Teilen und den eingewebten Episoden, Rhapsodieen und Gnomen erklären. Das Gedicht als Ganzes sei verfehlt. Man vermisse das gestaltende Leben und die poetische Einheit, während sich eine gewisse rhetorische Gewandtheit nicht leugnen lasse. Überall offenbare sich an dem Dichter mehr das Talent in der Ausführung als in der Gestaltung des Ganzen in seinen Produktionen. — Parthey, der Tiedgen noch persönlich gekannt hat und der in seinen Erinnerungen über den Dichter ungefähr dasselbe Urteil fällt, erzählt von einem Freunde a. a. O. S. 2, dass derselbe es als einen negativen Vorzug der Urania geltend gemacht habe, dass ihre Lesung durchaus nicht aufregend sei. Nach einem heftigen Nervenfieber hätte der Freund in der langen Reconvalescenz gar keine kräftige geistige Nahrung vertragen können. Wenn man ihm aus Goethe oder Schiller vorgelesen hätte, hätte er zu weinen angefangen und Nervenzufälle bekommen; nur aus der Urania hätte er stundenlang vorlesen hören können, ohne dass es ihm etwas geschadet hätte. Ebenso vernichtend ist das Urteil Heines, das Brunier a. a. O. S. 165 mitteilt.

Tiedge verhielt sich gegen manche dieser tadelnden Äusserungen durchaus nicht gleichgültig. Ein bis jetzt ungedruckter Brief, den ich der Güte des Herrn G. Hirzel in Leipzig verdanke, gibt davon Zeugnis. Mit einem gewissen Selbstbewusstsein setzt sich Tiedge da über diejenigen, die über seine Urania abfällig geurteilt haben, hinweg. Er will nicht recht an die ihm gemachten Vorwürfe glauben. Dennoch fühlt er sich veranlasst, mehrere Änderungen an der Urania vorzunehmen. Der Brief hat nach dem Original folgenden Wortlaut:

Löbichau, den 26. August 1818.

Hierbei mein Geliebter Clodius, übersende ich Ihnen für Ihre gute Lotte die biographische Skitze unserer gemeinschaftlichen Freundin; ich wünschte, dass auch Sie in dem Charakterbilde die Edle wiedererkennen mögten, von der auch Sie manchen schönen und grossen Seelenzug beobachtet haben müssen. Sie werden bei der Lesung dieses biographischen Aufsatzes sich wol selbst sagen, dass ich manche würdige Erscheinung in dem Leben der seltenen Frau, wegen der auswärtigen Angelegenheiten, nicht hervorziehen durfte. — Ich schreibe Ihnen und nicht ihr zu der das Buch wandert, weil ich an Sie eine Bitte zu richten habe. Ich liefere nämlich jetzt die sechste || 2 S. || und wahrscheinlich letzte Ausgabe meiner Urania: gern mögte ich ihr eine Vollendung mitgeben, die mir zu erreichen möglich ist. Sie haben das Werklein mit Aufmerksamkeit durchgelesen, denn Sie haben darüber ein Wort in Ihrer Ästhetik gesagt, welches Sie mir in Leipzig vorlasen. Ich höre von mancher Seite her, dass der Plan dieses Gedichtes angefochten wird. Sie wissen, wenn irgend Einer solch ein kritisches Wort dahin wirft, so sprechen hunderte es nach.

In Horns Litteratur des achtzehnten Jahrhunderts[1]) heisst es von der Urania: „— — Obgleich sich gegen den Plan dieses vielgelesenen Gedichtes manches einwenden liesse" die Einwendungen selbst aber werden nicht angeführt. Sollte diess mehr als ein bloss nachgeschrie ‖ 3 S. ‖ benes Urtheil sein: so wird Ihrem kritischen Blick ein solcher Mangel an Einheit gewiss nicht entgangen seyn. Ich muthe Ihnen keineswegs zu, Ihre Zeit mit einer nochmaligen Durchlesung meines Werkleins zu verschleudern, sondern ich bitte nur um das Resultat des Ueberblickes, welches vielleicht noch in irgend einem Winkel Ihrer Erinnerung liegt. Manchen Übergang, der mir zu schroff erschien, habe ich bereits sanfter zu machen versucht z. B. Seite 38.

Ich setze diesen Versuch her:

> Wer mag das grosse Buch des Weltenraums entsiegeln?
> Vor welchem Geist erscheint die Wahrheit klar und rein? —
> Von dem sie ausgieng, Freund, wie Weltensonnenschein,
> In einem höchsten Schaun muss sich die Wahrheit spiegeln.
> Enthüllt erscheinet sie vor einem höchsten Seyn;
> Ein Urseyn ist, worin sich alles Seyn entfaltet:
> Aus diesem Urseyn tritt gestaltet
> Ein jedes Seyn hervor in das Gebiet der Zeit
> Diess Urseyn nenne Gott; er waltete und waltet
> In Lieb' und Recht, in Licht und Herrlichkeit. —
> „In Lieb' und Recht?" — so fragt die düstre Klage
> Wer — ruft sie aus — wer mag Verzweiflung dir entfliehn?
> Gebieten Lieb' und Recht, dass thränenvolle Tage
> Zerstörend hin durch arme Hütten ziehn? —
> Es ist kein Gott. sss.

Sollte wirklich die Anklage der Unplanmässigkeit in den hier und da nachzuweisenden Schrofheiten der Übergänge gegründet seyn? Wenn es Ihre Zeit erlaubt, mir hierüber einige Winke zukommen zu lassen: so würden Sie dadurch eine recht liebenswürdige Freundschaft mir erweisen. Ich habe den Anfang des Druckes bis jetzt noch aufgehalten. — Wir lesen jetzt mit grossem Genuss: Wahl und Führungen, ein Buch, welches trotz mancher romantischen Ueberspannung, die ihren Ursprung in der neuesten Zeit nicht verleugnet, und trotz mancher gewaltsamen Erklärung recht viel Gutes stiften wird. Das ist einmal eine gesunde Speise. Nach Endigung dieser Lektüre wird Ihre populäre Religion auf unsere Tagessatzung kommen.

Ich grüsse Lottchen und bin unwandelbar Ihr Tiedge.

---

[1]) Tiedge citiert nicht ganz wörtlich. Die Stelle und zwar die ganze lautet folgendermassen. S. 269: „Selbst wenn wir einige kleine Missverhältnisse in dem Plan des genannten Gedichts nicht verkennen dürfen, so spricht doch überall eine edle Gesinnung und die feurige Liebe für Religion in den sanften harmonischen Versen; und es gehört um deswillen zu den erfreulicheren Zeichen der Zeit, dass dieses Werk ein fast allgemeines Interesse erregt und einer fortdauernden Liebe sich erfreut."

Je weiter wir uns von den Jahren, denen die Urania ihre Entstehung verdankt, abwenden, desto mehr verhallen die Lobeserhebungen, um einer nüchternen Betrachtung Platz zu machen. Die Urteile zweier Zeitgenossen des alternden Tiedge mögen hier noch eine Stelle finden. Ida von Düringsfeld schildert in ihrem 1843 anonym erschienenen Buche „In der Heimath" ihr Verhältnis zu Tiedge. Sie bekennt offen, dass es ihr nicht möglich gewesen sei, die Urania ganz zu lesen und dass auch Tiedges lyrische Dichtungen ihrem Geschmack durchaus nicht zugesagt hätten. Allerdings, so sagt sie a. a. O. S. 51, wäre sie anfangs in Verlegenheit gewesen, wenn Tiedge sie gefragt, ob sie dies oder jenes von ihm gelesen hätte. „Endlich gestand ich ihm", so fährt sie fort, „dass ich didaktische Poesie nicht möchte, und dass die Urania der didaktischen Poesie angehöre. Er suchte mich eines anderen zu überführen, ich blieb auf meinem Satz bestehen und versicherte ihm zum Schluss: das Schönste, das er gedichtet, sei das Liedchen „an Alexis send' ich dich." Er lachte und schien meinen Geschmack etwas wunderlich zu finden. In unser Verhältnis brachte meine Aufrichtigkeit keine Störung. Nur sagte er später wohl zu meiner Tante (Frau von Warnery) „es ist ein sonderbares Mädchen, als Dichter mag sie mich nicht — ich möchte wissen, was sie dann an mir hat.""

Also schon begann die Zeit, wo auch die Frauen, die nach Goethes Urteil noch das einzige Publikum für den Dichter waren, bei denen er allenfalls noch auf Anerkennung rechnen durfte, an der Urania keinen Geschmack fanden.

Martensen, der berühmte dänische Theolog, der im Frühjahr 1835 die beiden befreundeten Dichter Tiedge und Eberhard in Dresden besuchte, schliesst den Bericht über seinen Besuch mit folgenden Worten: „Diese beiden alten Poeten waren sichtbar dadurch geschmeichelt, dass wir zu der jüngeren neueren Generation gehörig, ihnen unsere Aufmerksamkeit erweisen wollten, woraus sie vielleicht den irrigen Schluss zogen, dass ihre Dichtungen noch fortwährend Erfolg hätten."

Dies Urteil der jüngeren Generation haben sich fast alle Litterarhistoriker, soweit sie es überhaupt der Mühe für wert halten, den Dichter zu erwähnen — Hettner z. B. in seiner Litteraturgeschichte übergeht ihn ganz — zu eigen gemacht. Nur Kurz in seiner Litteraturgeschichte (7. Aufl. 1876) tritt noch für den Dichter ein, indem er die schöne Sprache der Urania rühmend hervorhebt. Aber selbst dieses Lob können wir dem Dichter nicht ohne Einschränkung zugestehen. Nicht einmal für die Urania, der man einen gewissen rhythmischen Schwung sicher nicht absprechen wird, hat dies unbedingte Geltung, denn die Sprache dieses Gedichts wird durch den Schwung, den ihr Tiedge zu geben sucht, nur zu oft unnatürlich und hochtrabend und verirrt sich in gekünsteltem Ausdruck. Doch in seinen andern

Gedichten, die nicht nur der Jugendzeit angehören, sondern sich auch noch in der letzten Redaktion seiner Werke finden, verletzt der platte, oft geradezu lächerliche Ausdruck, der sich namentlich gern in Bildern gefällt, noch bei weitem mehr.

II.
Tiedge im Verhältnis zu Schiller.

Kurz[1]) ist der erste gewesen, der darauf aufmerksam gemacht hat, dass Schillerschem Einfluss die Entstehung der Urania zu danken sei, doch ohne es des näheren auszuführen. Auffallend ist es, dass dies nicht eher gefühlt ist. Wie anders bei Hölderlin, der obwohl bei weitem weniger von Schiller beeinflusst, in einem Brief an denselben frei und offen gesteht, was er dem grösseren Dichter zu danken habe. „Desswegen darf ich Ihnen wohl gestehen", schreibt er am 30. Juni 1798[2]), dass ich zuweilen in geheimem Kampfe mit Ihrem Genius bin, um meine Freiheit gegen ihn zu retten, und dass die Furcht von Ihnen durch und durch beherrscht zu werden, mich schon oft verhindert hat, mit Heiterkeit mich Ihnen zu nähern. Aber wie kann ich mich ganz aus Ihrer Sphäre entfernen; ich würde mir solch einen Abfall schwerlich vergeben." Noch deutlicher spricht sich diese Abhängigkeit von Schiller in einem Brief des vorhergehenden Jahres aus. 20. Juni 1797 Werke II, 143: „Ich habe Muth und eigenes Urtheil genug, um mich von anderen Kunstrichtern und Meistern unabhängig zu machen und insofern mit der so nöthigen Ruhe meinen Gang zu gehen, aber von Ihnen dependir' ich unüberwindlich." Wie offen und edel sind diese Worte, und mit welcher Verehrung blickt der Schüler zu seinem Meister empor! Leider besitzen wir kein solches Wort aus Tiedges Munde, das seine Abhängigkeit von Schiller zugesteht. Oder sollte er sich dieser Abhängigkeit gar nicht bewusst gewesen sein? Mag immerhin Tiedge manches unbewusst von Schiller aufgenommen haben, aber an gar keine bewusste Entlehnung zu glauben, wird einem schwer angesichts der vielen Übereinstimmungen bei beiden Dichtern. Ungern ver-

---
[1]) Auch Scherer Gesch. der deutsch. Litteratur 1883 S. 643f und Martin bei Wackernagel Gesch. der deutsch. Litteratur II, 1894 S. 519 deuten jetzt darauf hin. — Brunier führt in seinem oben citierten Buch nur an zwei Stellen Schiller zur Vergleichung an, obgleich er den ganzen Dichter studiert hat oder wie er sagt, „der Urania und den sämmtlichen Gedichten mit stillgefasster Miene ins Antlitz geschaut."

[2]) Hölderlins Werke, herausgegeben von Schwab Band 2, S. 145.

missen wir daher eine solche Äusserung Tiedges, wenn wir den Dichter gerecht beurteilen wollen.

Sieht man von der Verherrlichung Schillers in 'den Wanderungen durch den Markt des Lebens[1]), die den toten Dichter feiern, ab, so beschränken sich die Tiedgeschen Äusserungen über ihn auf zwei Briefstellen, die zeigen, wie wenig noch Schiller in den

---

[1]) An zwei Stellen singt Tiedge das Lob des Dichters. X, 47 f.

> Schweiget, zürnt ich, schweigt ihr Schreier,
> Störet nicht die heil'ge Feier,
> Die um Schillers Tempel schwebt!
> Wenn ihr seinen Namen nennet,
> Fragt euch, ob ihr ihn erkennet,
> Der auf Sonnenhöhen lebt,
> Wo herab zu uns die Dramen
> Seiner grossen Schöpfung kamen?
> Feierlich und strahlenhell
> Schmückt Unsterblichkeit die Namen:
> Thekla, Max und Wilhelm Tell.
>
> Ja, dieser Heros, sprach mein Freund, ist hoch erhaben!
> Wie würd' er einst mit seiner vollsten Kraft,
> Im hellsten Glanze seiner Gaben,
> Die sämmtliche Parnassgenossenschaft
> Weit hinter sich gelassen haben,
> Hätt' uns der Tod diess theure Haupt
> Ach! nicht so früh, so früh! geraubt!

und X, 92 f.

> Gleich dem hellsten, klarsten Sterne,
> Der durch hohe Cedern glänzt,
> Kam nun, sittig, schön bekränzt,
> Schillers Mädchen aus der Ferne;
> Und die Harfe, die sie schlug,
> Schimmerte von goldnen Saiten,
> Mit Gesängen zu begleiten,
> Was sie tief im Busen trug.
> Sieh! es flog ihr Geist hinüber,
> Wo die Vorwelt ihn umfing,
> Und ich sah, wie da vorüber
> Hellas Götteraufzug ging.
> Leuchteten, wie Nachglut, dann
> Frische, warme Morgenstrahlen
> Spätre Liederstunden an.
> Seiner Glocke Töne schallten
> Göttern der Unsterblichkeit,
> Mächtig trotzend den Gewalten
> Einer wandelbaren Zeit.

Augen der zeitgenössischen Dichter galt. In einem Brief an Gleim Magdeburg den 3. Januar 1797[1]) kommt Tiedge auf den Xenienkampf zu sprechen. „Haben Sie", so fragt Tiedge bei Gleim an, „die Gegenxenien, die man von Mass vermuthet, gelesen? Sie sind viel besser als die Schillerschen." Auf dieses Wort jedoch kann man nicht viel geben, da es ihm nur der Unmut diktiert zu haben scheint, den er über die Art und Weise empfand, in der Gleim durch die Goethe-Schillerschen Xenien mitgenommen ward. In einem andern Brief, der an W. G. Becker[2]) in Dresden gerichtet und vom 1. Januar 1796 datiert ist, spricht Tiedge mit Geringschätzung vom Schillerschen Musenalmanach. Tiedge dankt in dem Brief dem Adressaten für die Zusendung des von ihm herausgegebenen Taschenbuchs und mahnt ihn, den Mut bei seinem Unternehmen nicht sinken zu lassen. Er fährt dann fort: „Kurz das Ganze scheint mir einen neuen Zulauf genommen zu haben, als ob es einen neuen Nebenbuhler hinter sich ahndete. Aber es hat wahrlich nichts zu fürchten. Herr Schiller ist in seinem Taschenbuch nur Ein Schiller und Sie haben Schlegel und Langbein und vor allem sich selbst. Freilich fühlt es sich unangenehm an, dass eine auftretende Idee sogleich durch eine Nebenbuhlerin verdrängt wird."

Wenn dies Urteil auch wieder dadurch, dass Tiedge hier für seinen Freund Partei nimmt, getrübt ist, so verrät es doch immerhin eine gewisse Abneigung, die er gegen Schiller empfand. Allerdings bleibt bei dieser Stelle unklar, was der „Ein Schiller" eigentlich bedeuten soll. Der Schillersche Musenalmanach hatte doch wie alle anderen Almanache mehrere Mitarbeiter! Da der Schillersche Briefwechsel an keiner Stelle Tiedges Erwähnung thut, so bleibt das persönliche Verhältnis der beiden Dichter ziemlich im Unklaren.

Früher hat man öfter betont und man findet die Meinung auch heute noch in manchen Litteraturgeschichten vertreten, man müsse auf Kant zurückgehen, wenn man die Quellen auffinden wolle, aus denen Tiedge die Gedanken zu seiner Urania geschöpft habe. Das ist eine irrige Ansicht. So gewiss es auch ist, dass Schiller als Philosoph auf den Schultern Kants steht, so hält er sich doch nicht sklavisch gefangen in den Banden des Meisters, sondern er kommt in manchen nicht unwesentlichen Punkten zu anderen Resultaten.

Ein Beispiel möge deutlich machen, dass es nicht Kantische sondern Schillersche Gedanken sind, denen Tiedge in seiner Urania Ausdruck verliehen hat. Nach Kant kann kein sittliches Handeln aus sinnlichen Motiven entstehen. Dass die Pflicht durch

---

[1]) Noch ungedruckt. Das Original befindet sich im Halberstadter Gleimarchiv.

[2]) Noch ungedruckt. Nach einer Abschrift, die ich Herrn G. Hirzel in Leipzig verdanke.

die Neigung unterstützt werden darf, leugnet die Kantische Philosophie durchaus. Dagegen bedarf es bei Schiller zu einer sittlichen Handlung keines steten Kampfes mit sich selbst; sondern das Handeln kann aus einer dem Menschen lieb gewordenen Pflicht d. h. Neigung entstehen. Oder nach einem von Schiller geprägten Ausdruck gesellt sich zur Würde die Anmut. Diese von Kant geleugnete, aber von Schiller verteidigte Vereinigung von Sinnlichkeit und Vernunft hat Tiedge im 5. Gesang der Urania mit deutlicher Anlehnung an Schillers „Ideal und Leben" acceptiert. Oder, um noch ein Beispiel anzuführen, was sind die Verse im 3. Gesang der Urania W. I, 62

> Das Kind wird seiner tausend Spiele müde,
> Jedoch des Spiels des süssen Spieles nie.

anderes, als eine Anspielung auf den Schillerschen Spieltrieb, der sich nicht nur am Stoff, sondern auch am Scheine weidet, Stoff- und Formtrieb mit einander vereinigt? Dazu kommt, dass sich Tiedge in den Wanderungen durch den Markt des Lebens X, 181 ausdrücklich gegen die Kantische Moralphilosophie wendet:

> Ganz unbefangen stellt der Weise
> Dahin sein Ideal von Recht und Pflicht,
> Zwar etwas kalt; er wehrt sogar die süsse Wonne
> Der Tugend ab vom Tugendideal.

Wie stimmt das überein mit Schillers Worten aus „Anmut und Würde": „In der Kantischen Philosophie ist die Idee der Pflicht mit einer Härte vorgetragen, die alle Grazien davon zurückschreckt" und mit seinem spottenden Epigramm „Gewissensskrupel":

> Gerne dien' ich den Freunden, doch thu' ich es leider mit Neigung,
> Und so wurmt es mir oft, dass ich nicht tugendhaft bin.

Doch nicht diese Abweichung von Kantischen Ideen allein zwingt uns auf Schiller zurückzugehen; auch da, wo Kant und Schiller übereinstimmen, werden wir auf letzteren zurückgreifen müssen, da Tiedge oft einen Kantischen Gedanken in Schillerscher Form übernommen hat. Schiller war es, durch den Tiedge die Philosophie Kants empfangen hat. Hat doch Schiller, wie Witte „die Philosophie unserer Dichterheroen" Bd. 1 S. 355 treffend bemerkt, „das Meiste dazu beigetragen, die Grossartigkeit des Kantischen Lehrgebäudes anderen begreiflich zu machen, sowie es innerlich reich und schön auszustatten."

Da die Form auch bei Tiedge bestimmend gewirkt hat, so wird sich seine Abhängigkeit von Schiller am ersten und klarsten aus dessen philosophischen Gedichten erkennen lassen und die philosophischen Abhandlungen werden nur da heranzuziehen sein, wo wir den Gedanken poetisch gestaltet bei Schiller nicht finden. Um den Faden bei der Untersuchung nicht zu verlieren, wird es ratsam sein, die einzelnen Schillerschen Gedichte, aus denen Tiedge Gedanken geschöpft hat, durchzugehen. Da die Schillerschen Gedanken bei Tiedge überall verstreut sind — denn oft ist der Gedankeninhalt eines einzigen Gedichts von Schiller zu den verschiedenen Gesängen der Urania und den anderen Gedichten Tiedges verwandt worden — so würde sich eine Untersuchung, die von Tiedge ausgeht, allzu sehr zersplittern.

Die Resignation, dies nach Hoffmeister mit dem tiefsten Gefühle ausgesprochene Glaubensbekenntnis Schillers, hat Tiedge am ausgiebigsten benutzt. Mit unendlicher Breite hat er den Gedanken dieses Schillerschen Gedichts im ersten Gesang der Urania, welcher die Zweifel an dem Dasein Gottes poetisch schildert, und dem man einen gewissen lyrischen Schwung nicht absprechen kann, ausgesponnen. Der erste Gesang der Urania liegt uns noch in seiner ursprünglichen Fassung vor, wie ihn Tiedge im Berlinischen Journal[1]) für Aufklärung (herausgegeben von G. M. Fischer und A. Riem 5. Band S. 195 ff) im September 1789 unter dem Titel „Was ist Wahrheit?" anonym veröffentlicht hat. Aber da ist kein Einfluss von Schiller bemerkbar, erst die vollständig umgearbeitete Form, in welcher dieser Gesang in der ersten Ausgabe der Urania von 1801 erschien, zeigt eine Einwirkung Schillerscher Gedankenlyrik. Die Fassung, welche das Journal für Aufklärung bringt, ist überhaupt so verschieden von der späteren Gestaltung des ersten Gesanges, dass man kaum im Stande ist, das Original wiederzuerkennen. Gleich der Anfang lautete anders:

> Was ist Wahrheit? Weilt sie noch auf Erden,
> Oder kann die Lichtgeborne nur
> Jenseits dieses Sterns gefunden werden?
> Wo erscheint der Himmelstochter Spur?

Tiedge hat später diese Verse[2]) verworfen und mit deutlicher Reminiscenz an die Resignation den Eingang der Urania mit den Worten begonnen:

> Mir auch war ein Leben aufgegangen,
> Welches reich bekränzte Tage bot;

---

[1]) In einer Anmerkung zu dieser Epistel (S. 195) bittet der Verfasser über den Inhalt dieser ersten poetischen Epistel nicht eher zu urteilen, als bis man die zweite gelesen hätte, die bald nachkommen solle. Dies ist nicht geschehen, keiner der späteren Jahrgänge bringt eine Fortsetzung. Vergleiche hierzu Tiedges Selbstbiographie, herausgegeben von Falkenstein Bd. 1, S. 211, wonach Klamer Schmidt ohne Wissen Tiedges diese Veröffentlichung vor sich genommen hat.

[2]) In seiner Selbstbiographie Band 1, S. 96 u. 205 berichtet er auch den Grund, der ihn veranlasst hat, diese ursprünglichen Worte zu ändern. Nichtige Einwendungen seiner Hallenser Freunde und Gleims haben ihn dazu vermocht.

Führen diese und die folgenden Verse auch den Schillerschen Gedanken mit neuen eigenen Bildern weiter aus, so verrät der zweite Vers doch auch eine formelle Anlehnung an Schiller, zwar an ein anderes Gedicht. Kurz vor der Urania erschien Schillers Glocke. Sollten die „bekränzten Tage" nicht ein Nachklang des Schillerschen „Und führen das bekränzte Jahr" sein? Ebenso im sechsten Gesang der Urania W. I, 192:

> Und jener Abend, den die Sommerblüte schmückte,
> Der, wie ein schlafender, bekränzter Tag, u. s. w.

und in der Elegie auf dem Schlachtfeld von Kunersdorf W. II, 113:

> Fliesst das Leben auch aus einer Quelle,
> Die durch hochbekränzte Tage rinnt u. a. m.

Die Gegenüberstellung des kindlichen Glaubens, der da meint Anspruch auf irdische Glückseligkeit zu haben, und eines durch herbe Erfahrungen des Lebens gereiften Glaubens, der weiss, dass nur durch ein Verzichten auf irdische Genüsse der wahre Seelenfrieden zu erlangen sei, ist ein Gedanke, der sich durch die ganze Tiedgesche Lyrik hindurchzieht und von Schiller stammt — denn vor dem Jahre 1786, in welchem die Resignation erschien — ist derselbe bei Tiedge nicht nachweisbar, sondern er ist in manche Gedichte sogar erst später eingeschoben worden. Von den vielen Parallelstellen aus Tiedges Werken möge hier nur eine besonders an Schiller anklingende Strophe aus dem Gedicht „die Einsamkeit" W. VI, 9 verzeichnet werden:

> Auch ich! ich hab' in schönen Träumen
> Mir manches Paradies geträumt,
> Wo, unter Frucht- und Blütenbäumen,
> Der Freudenbecher ewig schäumt.

Auch unter dem Bilde des Frühlings und Sommers kehrt dieser Gedanke bei beiden Dichtern wieder. Wie der Frühling einen Sommer verspricht, so hofft der zum Manne reifende Jüngling die Erfüllung seiner Jugendträume, aber nichts als Entsagung bietet ihm da das Leben.

Schiller:

> Des Lebens Mai blüht einmal und nicht wieder,
> Mir hat er abgeblüht.
> . . . . der stille Gott taucht meine Fackel nieder.

Tiedge Erinnerung W. VIII, 152:

> Die Blüten, die sein schönster Lenz getrieben,
> Verwelkt — verweht im kalten Erdenhauch.

oder vorher:

> Ihr schwebt mir vor, ihr hellen Stunden,
> Der Zeit, die blühend mich umfing.
> Die Frühling, alle sind verschwunden,
> Durch die mein stilles Leben ging!

Auf Erden hiess es immer, so ist die Klage der Resignation in der vierten Strophe[1]), man würde, wenn man dereinst vor Gottes Thron gerufen würde, für die Leiden, die der irdische Mensch um der Tugend willen auf sich genommen habe „in einem andern Leben" belohnt werden. Doch trügerisch sind diese Hoffnungen gewesen. Denselben Zweifel an eine Vergeltung im Himmel spricht Tiedge aus in der Urania W. I, 10:

> Sagt, wo wird diess Streitgetön verhallen?
> Fragt des Dulders thränenvoller Blick.
> Wohnet dort in jenen Sonnenhallen
> Ein versöhnendes Geschick?

Spricht der Mensch in der „Resignation", da er schon vor Gottes Thron stehend gedacht wird, von der Erde als „jenem Stern", so redet der Zweifler Tiedges, der sich noch auf Erden befindet, vom Himmel als „jenen Sonnenhallen." Es giebt keine Vergeltung im Jenseits, die Hoffnungen, die man auf dasselbe baut, sind nichtig. Was die Vorsehung auf Erden uns nicht enthüllt hat, wird uns auch nach dem Tode nicht offenbar werden, es bleibt ein ungelöstes Rätsel. Das ist der Gedankeninhalt der Strophen 3—15 bei Schiller. In unverkennbarer Anlehnung daran sagt Tiedge in dem Gedicht „an die Ruhe" Episteln Göttingen 1796 I. S. 28 f:

> Lasst ihr es mich vergessen,
> Was mir die Welt versprach,
> Die Welt, die so vermessen
> Ihr Wort gab und es brach!
> Lasst Alles mich vergessen!
> Um meinen Lebenskauf,
> Betrogen, flücht' ich müde
> Zu euch, o nehmt mich auf!
> In eurem Schoss ist Friede,
> Den nicht die Welt mir bot.
> Was habt ihr mir zu sagen?
> Ihr sagt: der Lehrer Tod
> Enträthselt Wonn' und Klagen,
> Und hilft ein Leben tragen,
> Das Beides — winkt und droht.
> Ich steh' allein, o Tod.

---

[1]) Die Citate dieses Gedichts beziehen sich auf die ursprüngliche, um zwei Strophen reichere Fassung, wie sie die Thalia 1786 Band 1, Heft 2 brachte.

Die anschauliche Darstellung Schillers findet sich bei Tiedge nicht ganz so wiedergegeben. Er entkleidet die Verse ihres bildlichen Ausdrucks und löst sie in ihre wahre Bedeutung auf, wenn er für „finstre Brücke" dasjenige einsetzt, was sich Schiller unter dem Bilde gedacht hat, nämlich den Tod. Doch bleibt er auch wieder im Bilde, wenn er das irdische Leben als ein Rätsel auffasst, dessen Lösung der Tod bringen soll. In den Episteln heisst es, Tiedge habe dies Gedicht 1783 gedichtet, also ein Einfluss der Schillerschen Resignation wäre undenkbar. Doch glücklicherweise ist uns die erste Fassung dieses Gedichtes, wie es 1783 im „Deutschen Museum" erschien, noch erhalten und da findet sich nichts von solchen an die Resignation anklingenden Versen. Erst die völlig andere Gestalt, in der das Gedicht 1796 in den Episteln auftritt, sodass Tiedge besser daran gethan hätte, auch die Jahreszahl zu ändern, zeigt Schillerschen Einfluss.

Im dritten Gesang der Urania W. I, 79 findet sich ein anderes Bild aus der „Resignation" wieder. Hier heisst es nämlich:

> Mit diesem feierlichen Gottesworte,
> Mit dieser Handschrift, deren Sinn
> Mir Ewigkeit verheisst, tret' ich gerettet hin
> Zu jener finstern, tief verschwiegnen Pforte,
> Und fordre, denn die Handschrift lügt mir nicht,
> Das Leben, welches sie verspricht.

Mit dem „unerbrochnen Vollmachtsbrief auf Glück" tritt der Mensch bei Schiller vor Gottes Thron. Ein Unterschied ist vorhanden. Die Handschrift bei Tiedge giebt eine Anweisung auf ein Leben nach dem Tode, dagegen enthält der Brief bei Schiller die Antwartschaft auf irdische Glückseligkeit. Aber dadurch, dass der Mensch bei Schiller von der Glückseligkeit nichts gekostet, den Brief nicht aufgebrochen hat, bleibt der Grundgedanke derselbe. In beiden Fällen handelt der Mensch mit dem ihm anvertrauten Brief in einem Sinne, dass er auf ein ewiges Leben hoffen darf. In der neunten Strophe der Resignation nennt Schiller das Leben eine „Schuldverschreibung." Ebenso Tiedge im vierten Gesang der Urania W. I, 109:

> Du bist nicht, was dir die Natur gegeben,
> Sie warf es dir, als einen Schuldbrief, zu.

Wesenlose Einbildungen sind es, die wir uns vom zukünftigen Leben und der Unsterblichkeit machen, nur einem Fiebertraum vergleichbar. Das ist der Inhalt der vierzehnten Strophe der Resignation. Vergleicht man hiermit die Worte aus dem ersten Gesange der Urania W. I, 16:

> Dies Emporschaun von dem engen Thale,
> Ist es Wahnsinn? ist's ein Flug im Traum? —
> . . . .

> Geisseln uns so zwecklos hundert Plagen
> Durch's Gewühl des Lebens hin?
> Eines Lebens, das wir nicht begreifen,
> Wenn es darum nicht der Zeit entquoll,
> Um an einer Ewigkeit zu reifen?
> Welch ein Leben! Weisst du, was es soll?

so erkennt man trotz der Verschiedenheit des Grundgedankens, denn Tiedge folgert gerade aus den Widersprüchen des Lebens die Unsterblichkeit, dennoch, dass diese Stelle der Resignation dem Dichter der Urania vorgeschwebt haben muss.

Im vierten Gesang lässt Tiedge den Zweifler noch einmal zu Wort kommen und zwar wieder mit Wendungen, die er der Resignation (zehnte Strophe) entnimmt W. I, 101:

> Die Tugend fordert unser Leben,
> Sie fordert Opferung, und ihre Vollmacht lügt?
> So mag das Laster nicht, so lass den Edlen beben,
> Der diese Welt verlor, und jene nicht ersiegt!
> Dann kehre weg den Blick vom grossen Weltenbuche!
> Hohn lacht dir die Natur in ihrem Morgenroth;
> Das ganze Leben wird zum Fluche,
> Ja, dann ist Tod um uns, und nichts, als Tod!

Auch hier giebt Tiedge auf die Fragen dieselbe nüchterne Antwort wie im ersten Gesang. Er tröstet sich mit dem Gedanken, dass das irdische Leben, sofern wir nicht ein Leben im Jenseits annehmen, unverständlich und widerspruchsvoll bleibt. Die Fortdauer nach dem Tode ist gleichsam die Belohnung für das irdische Leben und söhnt uns mit seinen Mühen und Drangsalen aus. Wie anders bei Schiller. Er weiss nichts von einer belohnenden Zukunft und doch verzweifelt er nicht, denn ihm gewährt die Übung der Tugend ohne Zweck, und der Glaube, welcher der Hoffnung auf Belohnung ruhig entsagen kann, hinreichenden Trost.

Tiedge lebte ganz in den Schillerschen Gedichten und so flossen ihm oft unwillkürlich Schillersche Wendungen in seine Dichtungen. Als er die Worte im vierten Gesang der Urania W. I, 108 schrieb:

> Vom Seyn zum Seyn geht alles Leben über;
> Gestaltung reift zur Umgestaltung nur
> Und die Erscheinung schwebt vorüber.

mag er sich an den Schluss der zweiten Strophe der Resignation:

> Und die Erscheinung flieht[1]).

---

[1]) Ebenso lassen sich wohl folgende Verse aus dem sechsten Gesang der Urania, W. I, 193f:

> Wohl wird jedes Engelleben
> Himmlischer den Himmel machen.

auf Schillers Worte im „Triumph der Liebe", Anthologie 1782:

> Liebe macht den Himmel
> Himmlischer —

erinnert haben. Die Vorstellung ist bei beiden Dichtern dieselbe. Ihnen gilt das Leben nur als eine Traumerscheinung, die schnell kommt und geht. Schliesslich hat Tiedge den bekannten Schluss der Resignation:

> Die Weltgeschichte ist das Weltgericht.

in dem Gedicht „die Ergebung" 1809 W. VII, 34 f. mit den Worten wiedergegeben:

> Fragt die Geschichte, die uns Rechnung hält:
> Sie zeigt die Frechen, welche Gott versuchten;
> Und prophezeit sein Schicksal dem Verruchten[1]).

Ein Gedicht von Schiller, das im Gedankeninhalt und in der allegorischen Darstellung eine grosse Ähnlichkeit mit der „Resignation" zeigt, ist der im Jahre 1803 gedichtete „Pilgrim." Auch diesen scheint Tiedge im fünften Gesang der Urania W. I, 126 benutzt zu haben, wenn er sagt:

> Es muss ein Pfad nach dort hinüber gehn!
> So lautet die erhabne Sendung
> An unsern Geist. Es ist der Pfad,
> Auf welchem sich die Tugend der Vollendung,
> Vollendung sich dem Frieden naht.
> Je mehr die Seele sich empor ringt zu dem Frieden,
> Des höhern Lebens sich bewusst zu seyn:
> Je tiefer dringt sie schon hienieden
> In's Götterthum der Seelen ein.

Das sind dieselben Gedanken und zum Teil auch dieselben bildlichen Ausdrücke wie bei Schiller:

> Denn mich trieb ein mächtig Hoffen
> Und ein dunkles Glaubenswort,
> Wandle, rief's, der Weg ist offen,
> Immer nach dem Aufgang fort.
> . . . .
> Denn das Irdische wird dorten
> Himmlisch, unvergänglich sein.

---

[1]) So sehr Tiedge hier für die Geschichte eintritt, so ungünstig äussert er sich später über sie in den „Wanderungen durch den Markt des Lebens" X, 163. Hier ruft er verachtend aus:

> Geschichte! — Frag' sie lieber nicht!
> Sie zählt dir freilich grosse Summen
> Von Thaten vor — von Recht und Wahrheit weit entfernt. —

Doch den Historikern seiner Tage will er nicht wehe thun. Die Schlözer, Möser, Raumer u. a. „weihen der Wahrheit noch ihr unbeflecktes Wort."

Ebenso findet sich auch der Vers aus dem „Pilgrim" „Und das Dort ist niemals Hier" umgekehrt bereits in der „Einsamkeit" von Tiedge, die dem Jahre 1792 angehört: S. 23 = W. VI, 16

> Wir hoffen, hoffen! und das Dort
> Wird endlich Hier.

Und wenn man nun noch aus der Epistel „an die Ruhe" Episteln S. 29 f die Worte hinzunimmt:

> Seht, meine ganze Habe,
> Diess Herz — vielleicht zu weich —
> Bring' ich am Pilgerstabe
> Mühselig mit zu euch!

so wird man versucht zu glauben, auch der „Pilgrim" habe Tiedgen beim Dichten dieser Stelle vorgeschwebt. Aber das kann nicht der Fall sein, denn die Stelle aus „der Ruhe" fällt wenn auch nicht in das Jahr 1783, so doch in das Jahr 1796, also viel früher als der „Pilgrim." Auch die oben citierte Uraniastelle findet sich bereits in der Fassung von 1801. Wir müssen hier also eine Ähnlichkeit im Gedankengang zweier Dichter annehmen, die nicht auf bewusster Abhängigkeit zu beruhen braucht, zumal das Bild von der Pilgrimschaft unendlich häufig ist. Doch etwas zur Erklärung dieser Abhängigkeit gibt uns der Umstand, dass sowohl der Pilgrim, wie jene Stelle der Urania auf der gemeinsamen Grundlage der „Resignation" beruhen.

Fast ebenso wie die „Resignation" hat Tiedge „die Ideale", die 1796 erschienen, ausgebeutet. Es bedarf keiner näheren Ausführung, die grosse Ähnlichkeit zwischen den „Idealen" und Tiedges Gedicht „die Erinnerung" W. VIII, 151 ff zu erkennen. Der gemeinsame Gedanke ist der, dass die Dichter beklagen, dass sich die ihnen in der Jugend vorgeschwebten Träume in ganz anderer Weise erfüllt haben.

> Ich sah, wie jung die frühen Träume starben,
> Herauf zog ein ganz andrer Tag
> Als jener, der da rosenfarben,
> Auf morgenrothen Bergen lag.
> Das war die Zeit, die noch dem Argwohnlosen
> Durch schöne Fernen täuschen darf,
> Die goldne Zeit, die mir auch ihre Rosen
> In's junge Grün der Hoffnung warf.

So blickt Tiedge in der „Erinnerung" auf sein früheres Leben zurück. Dieselbe wehmütige Klage drücken auch die Worte des Zweiflers im Anfang der Urania W. I, 4 aus:

> Hin, dahin ist diese holde Jugend
> Einer Zeit, die blühend mich umfing!
> Stumm die Gegend, wo die stille Tugend,
> Einer hohen Seele ging!

In dem Gedicht „die Erinnerung" ruft der Dichter klagend aus, dass er jetzt allein, verlassen von allen Freunden stehe. Er beklagt es mit fast denselben Worten, mit denen Schiller des Verlustes seiner einstigen Ideale gedenkt:

> Ach! immer öder wird's auf unsern Lebensgängen:
> Hier geht von uns ein Pilger, Einer dort.

Auch die Verse aus dem „Glück" W. VIII, 137

> Und leerer ward es, immer leerer;
> Das drängende Gewühl verschwand.

lassen sich diesen an die Seite stellen. Viehoff (Schillers Gedichte 1859 Teil 2 S. 98) hat darauf aufmerksam gemacht, dass zur zwölften¹) Strophe der Ideale das Gedicht „an Gleim" W. VII, 104 ff heranzuziehen sei. Die Strophe, die Viehoff im Sinne hat, heisst:

> Im Erdenthal ist alles, alles nichtig:
> Die Zeit, und das, was ihrer Saat entreift;
> Die Liebe selbst, diess Rosenkind, ist flüchtig,
> So wie die Luft, die hin durch ihre Myrthen streift.
> Die Freundschaft ist — was auch hinweg vom Leben träuft —
> Der Zeit nicht unterthan, indessen
> Das höchste Glück, das wir besessen,
> An die Vergänglichkeit hier seine Schuld bezahlt.
> Was Freundschaft thut und spricht, bleibt ewig unvergessen,
> Sie ist ein Stern, der durch zwei Welten strahlt!
> Sie unterhält den Altar, den die Liebe
> Zu bald verlässt, wenn kaum der Myrthenkranz ihn ehrt;
> Und Seelen haucht sie ein in alle Lebenstriebe,
> Mit denen sie zurück in ihren Himmel kehrt.

Wohl liegt dieser Gedanke auch bei Schiller verborgen, doch an eine Entlehnung, wie Viehoff auch nicht annimmt, ist hier nicht zu denken. Aber auffallend ist es, dass Viehoff die Verse ein paar Zeilen vorher in demselben Gedicht entgangen sind, die man nicht bloss als eine Parallele anzusehen hat. Dort heisst es:

> Wie sehr bedürfen wir, dass uns ein Freund begleite,
> Wenn unser Stern durch finstre Wolken scheint!
> Wer tritt, wenn kalt die Welt zurückweicht, uns zur Seite?
> Die Weisheit? — sie auch spricht so gern durch einen Freund.

Also Frage und Antwort wie bei Schiller!

Aus folgenden Versen des sechsten Gesanges der Urania W. I, 158f:

---

¹) Nach dem Musenalmanach von 1796 citiert, wo das Gedicht eine Strophe mehr enthält.

> Nur Thätigkeit, entschlossne Thätigkeit,
> Die heitre, freie Lebenstochter
> Sie hält ihn fest den Geist der Stunden, die entflohn.
> Wie jene Göttin ihren Sohn,
> Taucht sie das Leben in die Fluten,
> Der weihenden Unsterblichkeit;
> Sie macht zur Ewigkeit die Zeit,
> Und rettet sterbende Minuten.

den Schluss der Ideale herauszuerkennen, wird einem nicht gerade schwer gemacht.

Interessant ist es, dass Wilhelm von Humboldt in einem Brief an Schiller den Ausdruck „Beschäftigung" tadelt und dafür den von Tiedge eingesetzten „Thätigkeit" haben will. Die betreffende Stelle steht in Humboldts Brief an Schiller vom 31. August 1795 und lautet folgendermassen: „Für Beschäftigung hätte ich ein anderes Wort gewünscht. Ist es nicht zu prosaisch und Thätigkeit schon lebendiger und mehr poetisch? Freilich drückt das erstere Ihren Gedanken passender aus."

Manche Züge der Ideale trägt auch das Tiedgesche Gedicht „die Nachtfeier" W. VII, 10. Ich hebe nur folgende Stelle heraus:

> Ihr seligen Gestalten,
> Am Lebenseingang, habt
> Mir nicht das Wort gehalten,
> Das ihr so freundlich gabt;
> Tief unter Druckgewalten,
> Wie wenig konnte sich
> Das Hohe freudiglich
> In Füll' und Kraft entfalten!

Nur hinweisen möchte ich auf eine Stelle in „der Ruhe", die in der Fassung von 1783 fehlt und erst in den Episteln 1796 hinzugetreten ist, weil auch sie zu einer Vergleichung mit der vierten Strophe der „Ideale" auffordern kann. Die Verse lauten S. 24:

> Dem frohen Argwohnlosen,
> Sang jede Nachtigall.
> Mir blühten überall
> Die Tage voller Rosen.
> Ich sang dem Wiederhall,
> Ein Herz voll Freud' und Friede,
> Voll Licht, wie die Natur.

Freilich besagen die Schillerschen Verse mehr. Für ihn gewinnt alles Leben, selbst das Seelenlose, während Tiedge in seinem naiven Glauben alles in der ihn umgebenden Natur nur auf sich bezieht, als ob um seinetwillen die Nachtigallen ihre Lieder singen. Jedenfalls gab es für die beiden Dichter eine Zeit — und das ist der gemeinsame Grundgedanke — in welcher sie der Natur anders gegenüberstanden, wo sie empfänglicher für sie waren. Aber abgesehen von den Verschiedenheiten im einzelnen wird die Annahme einer Entlehnung von seiten Tiedges durch die Chronologie verboten, denn beide Gedichte erschienen zu gleicher Zeit, im Jahre 1796. Die Vorrede Tiedges zu den Episteln ist sogar vom December 1795 datiert. Aber auffallend ist es, dass diese Stelle bei Tiedge erst 1796 hinzutritt und unmöglich ist es nicht, dass Tiedge die „Ideale" gekannt hat, da die Musenalmanache — hier wurden die Ideale zuerst veröffentlicht — schon vor dem Jahre, für das sie bestimmt waren, zu erscheinen pflegten. Unterstützt wird meine Behauptung noch dadurch, dass der Göttinger Musenalmanach von 1796 erst eine Ausgabe der Tiedgeschen Episteln ankündigt. Auf Seite 267 f. heisst es: „Ohne Zweifel wird das Teutsche Publikum die Nachricht eben so gern erfahren, als ich sie mittheile: dass dieser Dichter der Weisheit und Grazien sich mit einer lange gewünschten Ausgabe seiner sämmtlichen Poetischen und Prosaischen Werke beschäftigt, wovon der erste Band, der einen Theil der Episteln enthält, jetzt für den Verlag der Dietrichischen Buchhandlung unter der Presse ist. D. H."

Das Tiedgesche Gedicht „der Mittag des Lebens" W. II, 135 ff ist ebenfalls ganz dem Gedankenkreis der Schillerschen „Ideale" entnommen. Auch hier erst schmerzliches Verzichten. Kein Jugendtraum hat sich erfüllt. Dennoch verzagt der Dichter nicht. Wie die Ideale klingt das Gedicht versöhnend aus: ihm ist genug geblieben. Die Muse und die Freundschaft söhnen ihn mit dem Unbestand des Lebens aus. Und was Schiller von der Freundschaft sagt, dass sie alle Wunden heile, diese Kraft legt Tiedge hier der Muse bei:

> Balsam giesst sie in die Wunden[1]),
> Und bespricht den wilden Schmerz.

Den Mythus von Herakles, den Schiller in seinem Gedicht „Ideal und Leben" als Bild für den aus den Banden der Sinnenwelt sich emporringenden Menschen gebraucht, dient auch Tiedgen am Schlusse der Urania als Bild der Verklärung des Menschen. Weiter als Schiller ausholend, verwendet er auch noch die Erzählung von Herakles am Scheidewege, dann aber schildert er mit deutlicher Anlehnung an Schiller die mühevolle irdische Laufbahn des Dulders „dem der unversöhnten Göttin List alle Plagen, alle Erdenlasten auf die willigen Schultern gewälzt hat;" W. I, 184.

> Seine eigne Flamme dämpfend,
> Willig Schwächern unterthan,
> Geht der starke Sieger kämpfend
> Seine grosse Heldenbahn.

---

[1]) In der Fassung von 1804 (Elegieen und vermischte Gedichte von C. A. Tiedge, Bonn, Litterarisches Comptoir 1804) lauten die Verse anders:
> Doch sie heilt nicht seine Wunden,
> Ach, sie lindert nur den Schmerz.

Auf dem Oeta in den Flammen lässt der Dichter dann den Herakles die „Entgötterung" büssen, um als Gott in das Reich der Verklärung einzugehen I, 186:

> Und der Gott erringet wieder,
> Was der Erdensohn verlor;
> Die Verschattung sinkt darnieder,
> Die Verklärung strahlt empor.
> Schon der letzte Seufzer dringet
> Aus der Sterblichkeit herauf,
> Und die freie Seele schwinget
> Sich in's Reich der Tugend auf.

Mit demselben Bilde, an den Schluss des ersten Gesanges anknüpfend, wo der Pilger „tief im Dunkel, tief verirrt und müde" seinen Lebenslauf beschliesst, endet auch die Urania:

> Du winkst, wenn mir die letzte Thrän' entfliesset,
> Mich zur Vergötterung hinauf.
> Ein Mensch, ein müder Pilger schliesset,
> Ein Gott beginnet seinen Lauf!

Aber noch eine andre Stelle der Urania zeigt uns, dass Tiedge in den Gedanken dieses Schillerschen Gedichts gelebt hat. Im fünften Gesang der Urania kehrt der Anfang von „Ideal und Leben" wieder. Sinnenglück und Seelenfrieden findet man wohl im Leben der Götter harmonisch gestaltet, im Menschenleben sind sie einander unvereinbar. Doch kann man sich diesem Göttlichen nähern, wenn man jedes sinnliche Interesse an den Dingen fern hält und sie nur ästhetisch betrachtet. So der Inhalt der beiden ersten Strophen von „Ideal und Leben." Im Text, den die „Horen" brachten, war zwischen diesen beiden noch eine Strophe eingeschoben, welche die Frage aufwarf, ob Seelenfrieden nur mit Verzicht jeglichen Sinnenglückes erkauft werden müsse. Die Antwort darauf gab dann die jetzige zweite Strophe: das ästhetische Anschauen der Dinge, das sich an der schönen Form begnügt und der Sinnlichkeit entsagt, kann in uns das göttliche Ideal entstehen lassen. Tiedge muss diese jetzt in den Sammlungen Schillerscher Gedichte fehlende Strophe noch gekannt haben, denn er lehnt sich mit einigen Wendungen an dieselbe an, aber freilich noch mehr an die erste, wenn er sagt: W. I, 120.

> Zwei Mächte sind im Menschen tief verschlungen,
> Die der Verstand selbst anerkennen muss:
> Der Ruf der Tugend dort — sie fordert Opferungen,
> Und hier die Sinnlichkeit — sie dringet auf Genuss.
> Getrennt sind diese beiden Mächte;
> Und jede fordert Huldigung,
> Und fordert sie mit unbestrittnem Rechte;
> Doch ringen beide nach Vereinigung.

> Und zwischen beide tritt versöhnend
> Das hohe Ideal der Götterwürdigkeit,
> Das schön und immer schöner krönend
> Hinauf führt zur Unendlichkeit.

Erinnern diese Verse im Ausdruck und im poetischen Bilde ganz an den Eingang von „Ideal und Leben", so geben sie doch nicht den innersten Gedanken dieses Gedichts wieder. Man soll darnach trachten, Genusssucht und Tugend zu vereinigen, wie das aber geschehen soll, darauf erhalten wir bei Tiedge keine Antwort. Ganz gewiss nicht hat Tiedge hier an eine Vereinigung gedacht, wie sie im ästhetischen Anschauen zu Tage tritt, sondern er hat hier, wie schon oben erwähnt ist, poetisch ausgesprochen, was Schiller in „Anmut und Würde" entwickelt hat. Dort heisst es: „Wie sehr also auch Handlungen aus Neigung, und Handlungen aus Pflicht im objektiven Sinne einander entgegenstehen; so ist dies doch im subjektiven Sinne nicht also, und der Mensch darf nicht nur, sondern soll Lust und Pflicht in Verbindung bringen, er soll seiner Vernunft mit Freuden gehorchen." Ich glaube, dass dies der beste Kommentar zu der Tiedgeschen Stelle ist. Der Verstand hält Genusssucht und Tugend klar auseinander, d. h. objektiv betrachtet stehen sie gegen einander, aber sie ringen im Menschen nach Vereinigung, d. h. subjektiv betrachtet sind sie nicht zu trennen, eine Trennung würde sogar dem Menschen schädlich sein.

Ganz in den Kreis dieser Gedichte und nicht zu den philosophischen Abhandlungen zu rechnen, sind die philosophischen Briefe Schillers, die Kuno Fischer treffend eine Art lyrischer Philosophie oder philosophische Hymnen genannt hat, die in jedem Augenblick bereit sind, in poetische überzugehen. Diese philosophischen Briefe haben Tiedgen recht eigentlich das Thema zu seiner Urania gegeben. Hier wie dort wenden sich die Dichter viel mehr an den fühlenden als an den denkenden Menschen. Nicht tief gehende philosophische Probleme werden behandelt, sondern es sind nur solche philosophischen Betrachtungen, zu denen sich jeder Mensch, nicht um der Erkenntnis willen, sondern der inneren Beruhigung wegen, aus eigener Empfindung hingezogen fühlt. Damit die „Kenntnis der Krankheit der Heilung vorangehe", regen sie beide die Zweifel an dem Dasein Gottes und an der Unsterblichkeit auf, um sie nachher zu bekämpfen. Die Weisheit, d. h. die Philosophie hat ihnen nicht das geleistet, was sie zu versprechen schien; vielmehr hat sie ihnen den Glauben genommen und nichts an dessen Stelle gesetzt. Wiederholt begegnen wir diesen Ausbrüchen der Verzweiflung im ersten Gesang der Urania und in den philosophischen Briefen Schillers: „Du hast mir den Glauben gestohlen, der mir Frieden gab. Du hast mich verachten gelehrt, wo ich anbetete. Tausend Dinge waren

mir so ehrwürdig, ehe deine traurige Weisheit sie mir entkleidete."
„Deine kalte Weisheit löschte meine Begeisterung."
Tiedge Urania W. I, 4

> Stolze Weisheit! durftest Du mir's rauben,
> Das erhabne, stille Seelenglück?
> Nimm, was du mir gabst; nur meinen Glauben,
> Meine Hoffnung nur gib mir zurück[1]).

Wohl hat es die Weisheit vermocht, uns für einen Augenblick das helle Licht der Wahrheit sehen zu lassen, aber bloss um die Finsternis nachher desto fühlbarer zu machen. Die Hoffnungen, die man auf die Weisheit gesetzt, sind nicht in Erfüllung gegangen. Schiller: „Wohin ich nun sehe, wie beschränkt ist der Mensch! Wie gross ist der Abstand zwischen seinen Ansprüchen und ihrer Erfüllung! — O, beneide ihm doch den wohlthätigen Schlaf! Wecke ihn nicht! Er war so glücklich, bis er anfing zu fragen, wohin er gehen müsse, und woher er gekommen sei. Die Vernunft ist eine Fackel in einem Kerker. Der Gefangene wusste nichts von dem Lichte, aber ein Traum der Freiheit schien über ihm, wie ein Blitz in der Nacht, der sie finstrer zurückläss". Tiedge W. I, 3:

---

[1]) Ähnliche Wendungen begegnen uns bei Tiedge öfter. So in der Epistel an die Trauernde 1793, Episteln Göttingen 1796 S. 281:

> Hör' es, deine Stund' ist nicht geboren,
> Hinzusterben an verweintem Gram!
> Hat dein Leben ganz dein Herz verloren?
> Gib ihm wieder, was die Thrän' ihm nahm!
> Deinem Leben gib das Leben wieder,
> Für den Kummer ein zu theurer Raub!

und in dem Gedicht an Herrn von H. in Halberstadt. Voss. Musenalalmanach 1795, S. 186.

> Lass die Weisheit dir erstatten,
> Was das Missgeschick dir nahm!

Bei den oben citierten Versen der Urania kann auch ausserdem eine Einwirkung der Kassandra möglich sein. Dieselbe erschien 1803, und in der Ausgabe von 1801 der Urania finden sich jene Verse noch nicht. Auch Kassandra will für die Sehergabe, die ihr den Blick in die Zukunft erschliesst, ihre frühere Blindheit wieder eintauschen. Derselbe Gedanke und derselbe Ausdruck wie bei Tiedge. In beiden Fällen wird die Dunkelheit, (vgl. auch die erste S. 30 citierte Uraniastelle) die nichts von einem Lichte ahnen lässt, diesem vorgezogen. Die Annahme einer Entlehnung von seiten Tiedges wird dadurch nicht hinfällig gemacht, dass diese Wendung bei ihm schon 1793 und 1795 vorkommt, denn die Ähnlichkeit erstreckt sich hier lediglich auf die Form. Die Kassandrastelle hat davor den Vorzug: denn sie gibt denselben Gedanken — und das ist das Wichtigste — in derselben Form.

> Hohe Traumgestalten zogen
> Stolz, wie Schwäne, durch die rothe Flut;
> Leichte Stunden rannen schnell und schneller
> An dem halberwachten Träumer hin,
> Und die Gegend lag schon hell und heller,
> Nur auch wüster, da vor meinem Sinn.
> . . . .
> O der Helle, die dem guten Schwärmer
> Nichts zu zeigen hat, als seine Nacht!
> O des Lichtes, das den Glauben ärmer,
> Und die Weisheit doch nicht reicher macht!

Aus dem zweiten der philosophischen Briefe gehört hierher noch die Stelle: „Ersetzt mir deine Weisheit, was sie mir genommen hat?" Dieser Gedanke wird überhaupt von beiden Dichtern noch mehrmals in poetischen Bildern variirt. So von Schiller: „wenn du keinen Schlüssel zum Himmel hattest, warum musstest du mich der Erde entführen?" und von Tiedge W I, 14:

> Warum fodern unsre Thränen,
> Was kein Gott gewähren kann?

Ferner Körner-Schiller: „Ein leidiger Trost", wirst du sagen. „Resignation ist also meine ganze Aussicht nach so viel glänzenden Hoffnungen? War es da wohl der Mühe werth, mich zum vollen Gebrauch meiner Vernunft aufzufordern, um ihm da gerade Grenzen zu setzen, wo er mir gerade am fruchtbarsten zu werden anfing? Musste ich einen höhern Genuss nur desswegen kennen lernen, um das Peinliche meiner Beschränkung doppelt zu fühlen?" Dazu Tiedge W. I, 7:

> Konnt' im Menschen Gott den Durst entflammen,
> Der für Wahrheit brennt, und grausam ihn
> Zum Verschmachten dann so tief verdammen?
> Ihm den Becher zeigen, und entziehn?

„Selige paradiesische Zeit", ruft Schiller aus, „da ich noch mit verbundenen Augen durch das Leben taumelte wie ein Trunkener, — da all mein Fürwitz und all meine Wünsche an den Grenzen meines väterlichen Horizontes wieder umkehrten — da mich ein heitrer Sonnenuntergang nichts Höheres ahnen liess als einen schönen morgenden Tag." Tiedge klagt, dass ihm kein solcher Morgen mehr beschieden sei. W. I, 5:

> Ach! die Zeit, als ich noch glauben konnte,
> Sie ging unter, wie ein Meteor,
> Das am ausgestorbnen Horizonte
> Keinen Wiederaufgang feiern darf!
> Zeig' am Leben mir die rothe Stelle,
> Jenen Lichtblick, den die Morgenhelle
> Einer andern Welt herüberwarf!

Die Theosophie des Julius entspricht ganz den Vorstellungen, die sich Tiedge im zweiten Gesang der Urania von Gott macht. Julius schreibt an Raphael „das Universum ist ein Gedanke Gottes." Tiedge W. I, 52:

> Gedanken Gottes sind die hehren Weltgestalten.

Schiller: „alle Vollkommenheiten im Universum sind vereint in Gott. Gott und Natur sind zwei Grössen, die sich vollkommen gleich sind." Tiedge W. I, 53:

> Die grosse Welteinheit ist Gott.

Schiller: „alle Geister werden angezogen von Vollkommenheit", d. i. Gott. Tiedge W. I, 52:

> Ein Gott bevölkerte die unermessnen Weiten,
> Mit Geistern, angestrahlt von seiner Göttlichkeit.

Die hierauf unmittelbar folgenden Verse:

> Vor ihm ist keine Zeit, uns gab er Raum und Zeiten;
> Er wandelt still dahin durch seine Ewigkeiten:
> Sein grosser Schatten fällt durch das Gebiet der Zeit.

bieten eine Parallele zu der vierten Strophe des Schillerschen Gedichts: „Die Worte des Glaubens."

> Und ein Gott ist, ein heiliger Wille lebt,
> Wie auch der menschliche wanke:
> Hoch über der Zeit und dem Raume webt
> Lebendig der höchste Gedanke,
> Und ob alles in ewigem Wechsel kreist,
> Es beharret im Wechsel ein ruhiger Geist.

Die drei Worte des Glaubens, „Freiheit, Tugend und Gott", fassen in Kürze den ganzen Gedankeninhalt der Urania zusammen. Führte doch die Urania in der ersten Auflage von 1801 noch den Nebentitel: „über Gott, Unsterblichkeit und Freiheit" und der fünfte Gesang führt noch jetzt die Überschrift „Tugend", während der zweite, vierte und sechste Gesang über Gott, Unsterblichkeit und Freiheit handeln.

Kant hatte gezeigt, dass Freiheit, Unsterblichkeit der Seele und das Dasein Gottes nicht auf dem Wege der reinen Vernunft bewiesen werden könnten, sie seien nur Postulate der praktischen Vernunft. Tiedge selbst hebt dies in den „Wanderungen durch den Markt des Lebens, in denen auch Kant ein Denkmal gesetzt wird, hervor: X, 180.

> Er, ruhig wie ein Gott, er zeigte
> Die Grenzen irdischer Vernunft.

Ebenso Schiller. Der menschliche Verstand vermag es nicht, diese drei Ideen, die nicht von aussen her stammen, sondern von denen das Innere des Menschen Kunde gibt, zu erkennen. Aber der Mensch bedarf ihrer durchaus und nur im Glauben an sie kann er seinen Wert behaupten. Dies ist in Hauptzügen auch der Inhalt der Urania, und für ein lyrisch-didaktisches Gedicht, das sich nicht auf strengwissenschaftlichen Beweise aufbauen kann, ist Gefühlsphilosophie das geeignetste Thema. Gleich im zweiten Gesange, nachdem Tiedge den Leser in so trüber, trostloser Stimmung zurückgelassen, verlässt auch er das Gebiet der Philosophie, da er deren Unzulänglichkeit für die höchsten Fragen, die des Menschen Brust bewegen, erkannt hat. Nur im Glauben kann das Dasein Gottes erfasst werden. Dies Gefühl ist tief im Innern jedes Menschen gegründet und keinem Wechsel unterworfen. Also wie Schiller, wenn Tiedge sagt W. I, 25:

> Lass untergehn die wandelnden Gestalten,
> Die bunt und irrend durcheinander ziehn!
> Am innern Leben, Freund, lass sich die Hoffnung halten!
> Wir bleiben, die Gestalten fliehn!

Überall bricht dann der fromme Glaube des Dichters hindurch und bringt die Vernunft zum Schweigen. So W. I, 38:

> Das Streben der Vernunft, den Knoten zu entschlingen
> Ist Thorheit!

W. I, 40:

> Doch nein! du kannst dich hier dem Glauben nicht entwinden.

W. I, 40 f:

> O, Mensch vermisse diesen Glauben,
> Und fühle, was dein Heiligstes vermisst!
> Du würdest die Vernunft selbst ihres Lichts berauben.

Doch kehren wir zu den philosophischen Briefen zurück. Als Sinnbild der Unsterblichkeit gilt Schillern das alljährlich über den Gräbern sich verjüngende Leben. „Ja, ich fange an zu glauben, dass sogar das künftige Schicksal des menschlichen Geistes im dunklen Orakel der körperlichen Schöpfung vorher verkündigt liegt. Jeder kommende Frühling, der die Sprösslinge der Pflanzen aus dem Schoss der Erde treibt, gibt mir Erläuterung über das bange Rätsel des Todes und widerlegt meine ängstliche Besorgnis eines ewigen Schlafs." Tiedge W. I, 58:

> Doch warum fragen wir die Sterne,
> Ob Gott ein Gott des Lebens sey?
> Der Boden, wo du wandelst, schüttert
> Von Lebenskraft; auf jedem Strahl,
> Mit jedem Hauch des Frühlings zittert
> Ein junges Leben in dein Thal.

Dieser Gedanke allein, der oft als Symbol der Auferstehung und Unsterblichkeit gefasst wird und gewiss nicht Schillern eigentümlich ist, würde noch keine Abhängigkeit beweisen. Wohl aber der Zusammenhang, in dem er steht. Julius führt nämlich fort: „Wie merkwürdig wird mir nun Alles! — Jetzt, Raphael, ist Alles bevölkert um mich herum. Es gibt für mich keine Einöde in der ganzen Natur mehr. Wo ich einen Körper entdecke, da ahnde ich einen Geist. — Wo ich Bewegung merke, da rathe ich auf einen Gedanken." Tiedge W. I, 58:

> Welch Leben schwärmt und säuselt durch die Aue!
> Welch Leben nährt das Moos, der Halm, das junge Laub!
> Welch Leben schwimmt im Schooss der Wolk' und hier im Thaue!
> Das Mückenheer am Teich — es ist belebter Staub!
> Horch hin! und nirgends ist so todt die tiefste Stille,
> Es wehet leis' in ihr ein Athemzug empor.

Und die nun darauf folgenden Verse:

> Und hoch aus dieser Flut der grossen Lebensfülle
> Ragt, wie das Haupt, der Mensch hervor,
> Der Mensch, ein Sohn des Staubs, und über Staub erhaben!
> Schau! wie zum Engel sich das zarte Mädchen schmückt!
> Ein junger Gott blüht auf im wilden Knaben;
> Es ist der Mensch, der auf zur Götterhoheit blickt.
> Er misst den Stufengang, tief unter sich hinunter;
> Er ahnt den Stufengang, hoch über sich hinauf.

geben den Beweis für das Dasein Gottes, wie ihn Schiller zu führen sucht. Alle Wesen in der Natur sind beseelt und geben uns gleichsam in einer Stufenfolge ein Abbild von der göttlichen Substanz. „Die Natur ist ein unendlich geteilter Gott."

Selbst den Kantischen Gedanken, dass wir die Dinge nicht erkennen, wie sie an sich sind, sondern nur, wie sie uns durch das subjektive Medium von Raum und Zeit erscheinen, fand Tiedge in Schillers philosophischen Briefen vor: „Unser ganzes Wissen läuft endlich, wie alle Weltweisen übereinkommen, auf eine konventionelle Täuschung hinaus, mit welcher jedoch die strengste Wahrheit bestehen kann. Unsre reinsten Begriffe sind keineswegs Bilder der Dinge, sondern bloss ihre nothwendig bestimmten und koexistierenden Zeichen. Weder Gott, noch die menschliche Seele, noch die Welt sind das wirklich, was wir davon halten." Ob nun Tiedge die folgenden Verse auf Kant oder Schiller aufbaut, will ich nicht entscheiden; doch der Zusammenhang, in dem sie stehen, weist mehr auf letzteren hin. Die Verse, die dem zweiten Gesang der Urania angehören, lauten folgendermassen: W. I, 42

> Ja, die Natur! magst du sie selbst empfinden?
> Du trägst in dir ein Bild von einer Körperwelt;
> Diess Bild empfindest du, nicht was sie selbst enthält;
> Doch ohn' ihr Seyn und Wesen zu ergründen,
> Zu fassen, wie sie ist, du glaubst an ihre Welt.

Liebe und Freundschaft sind als Genien aus einer besseren Welt zu uns herabgesandt, damit wir das mühevolle irdische Dasein besser tragen lernen. Der Mensch ist auf den Menschen angewiesen. Das führt Tiedge im zweiten Gesange des weiteren aus und fasst diesen Gedanken dann in jene bekannten, noch heute oft citierten Worte zusammen. W. I, 95:

> Sey hoch beseligt, oder leide;
> Das Herz bedarf ein zweites Herz,
> Getheilte Freud' ist doppelt Freude,
> Getheilter Schmerz ist halber Schmerz.

Auch hierzu finden wir in dem lyrischen Teil der philosophischen Briefe das Vorbild:

> Schöner malt sich mir die schöne Erde,
> Heller spiegelt in des Freunds Geberde,
> Reizender der Himmel sich.
> Schwermuth wirft die bangen Thränenlasten,
> Süsser von des Leidens Sturm zu rasten,
> In der Liebe Busen ab[1]).

Der Grundgedanke ist bei beiden Dichtern derselbe, doch muss man zugeben, dass Tiedge den Gedanken, dass wir in der Freundschaft selbst reicher werden durch das, was wir dem Freunde geben, schärfer hervorkehrt. Doch auch dies ist nicht original. Eine Prosastelle in den philosophischen Briefen weist darauf hin: „Wenn ich hasse, so nehme ich mir etwas, wenn ich liebe, so werde ich um das reicher, was ich liebe!"

Nicht nur die Urania, auch das Tiedgesche Gedicht „Über die Kunst, sein Glück in sich selbst zu finden" Deutsche Monatsschrift 1791 S. 307 zuerst erschienen, dann in den Episteln Göttingen 1796 unter der Überschrift „an Rosalie"[2]) abgedruckt, weist einen Anklang an die Lyrik der philosophischen Briefe auf. Dort heisst es:

---

[1]) Dass die zeitlich so nahe stehenden Werke Schillers: „Die philosophischen Briefe" und „Don Carlos" auch in ihren Ideen verwandt sind, darauf macht Kuno Fischer in seinem Buch „Schiller als Philosoph, Schiller-Schriften, zweite Reihe, Heidelberg 1892" wiederholt aufmerksam. Zu den oben citierten Versen vergleiche man Carlos Worte zu König Philipp im zweiten Auftritt des zweiten Aktes:

> Wie entzückend
> Und süss ist es, in einer schönen Seele
> Verherrlicht uns zu fühlen, es zu wissen,
> Dass unsere Freude fremde Wangen rötet,
> Dass unsere Angst in fremdem Busen zittert,
> Dass unsere Leiden fremde Augen wässern!

[2]) In die gesammelten Werke VI, 65—77, ist dies Gedicht auch übergegangen. Aber jene an Schiller mahnenden Verse fehlen hier.

> Die Tugend, lasst es uns bekennen,
> Reift bloss aus Mängeln erst heran,
> Und drum ist sie für alle Wesen,
> Die reifend zur Vernunft genesen,
> Vom Griechen bis zum Hottentott.

Unzweifelhaft ist dies ein Nachhall der Schillerschen auf die Freundschaft gedichteten Verse und zwar in der Fassung[1]), wie sie die Anthologie veröffentlichte:

> . . . . . höher stets und höher
> Vom Mongolen bis zum griech'schen Seher u. s. w.

Wie Schiller, als er 1802 die Strophe an die Freunde dichtete:

> Aber nicht im trüben Schlamm der Bäche,
> Der von wilden Regengüssen schwillt,
> Auf des stillen Baches ebner Fläche
> Spiegelt sich das Sonnenbild.

so mag auch Tiedge, als er die Verse: W. I, 104:

> Das reinste Leben gleicht der Quelle;
> Auf ihren Spiegel fällt des Sonnengottes Blick;
> Doch die, vom Schlamm des Ufers trübe, Welle
> Strahlt ihn mit Zittern nur dem hehren Gott zurück.

schrieb, sich des ähnlichen Bildes erinnert haben, das Schiller in den philosophischen Briefen anwendet, um die verschiedenen Eindrücke, welche die menschliche Seele empfängt, zu veranschaulichen: „Lass, theurer Freund meiner Seele, lass mich immerhin zu dem weitläuftigen Spinngewebe der menschlichen Weisheit auch das meinige tragen. Anders malt sich das Sonnenbild in den Thautropfen des Morgens, anders im majestätischen Spiegel des erdumgürtenden Oceans! Schande aber dem trüben, wolkichten Sumpfe, der es niemals empfängt und niemals zurückgiebt." Freilich muss beachtet werden, dass das Wasser gern von den Dichtern gebraucht wird, um das Seelenleben zu malen. Ich erinnere nur an den Schluss des Goethischen Tasso und an den „Gesang der Geister über den Wassern."

Von den andern philosophischen Abhandlungen Schillers sind nur wenige Gedanken, die gegen den Einfluss, den die philosophischen Briefe auf Tiedge ausgeübt haben, als unbedeutend erscheinen, in die Urania übergegangen. Zwei Stellen des sechsten Gesanges der Urania: W. I, 155:

---

[1]) In den philosophischen Briefen ist die letzte Zeile geändert. Sie lautet nämlich: „Vom Barbaren bis zum griech'schen Seher." Ausserdem vergleiche man zu diesen Versen noch folgende Stelle in Tiedges Gespräch „über Willensfreiheit", Tiedge, Nachlass I, 87: „Wenn nun die Allgemeinheit dieser Wahrnehmung unter allen Völkern, vom Griechen bis zu dem Eskimo, nicht zu leugnen ist u. s. w."

> Mag die Naturwelt dort an Noth und Zwang erinnern,
> Die Welt der Freiheit trägt der Mensch in seinem Innern[1]).

und W. I, 157:

> Wir sind nicht, um zu seyn; wir werden, um zu werden.
> Die Ströme rauschen fort, die Sonnen und die Erden,
> Sie gehn nach ewigen Gesetzen ihren Pfad.
> Kein Wollen dort — sie sind, im Menschen lebt ein Wille

lassen sich auf das Schillersche Wort in der Abhandlung: „über das Erhabne": „Alle andern Dinge müssen, der Mensch ist das Wesen, welches will", zurückführen. Für folgende Stelle desselben Gesanges, die wir in der Ausgabe von 1801 vermissen und die erst später hinzugetreten ist W. I, 156:

> Im Götterhimmel nicht, nur im Gebiet der Sünde
> Stellt sich die Tugend uns in ihrem Glanze dar.
> Die Ruhe weicht dem Zwist, dass sich die Kraft verkünde;
> Des Zwanges Druck macht uns die Freiheit offenbar;
> Er reisst uns in den Streit, aus welchem immer freier
> Und immer siegender, die Kraft des Geistes tritt;
> Des Feindes Macht verherrlicht erst die Feier
> Des Sieges, den der Held erstritt.

bietet sich eine vollkommene Parallele dar in Schillers Abhandlung „über den Grund des Vergnügens an tragischen Gegenständen": „Je furchtbarer der Gegner, desto glorreicher der Sieg; der Widerstand allein kann die Kraft sichtbar machen. Aus diesem folgt, dass das höchste Bewusstsein unserer moralischen Natur nur in einem gewaltsamen Zustande, im Kampfe, erhalten werden kann, und dass das höchste moralische Vergnügen jederzeit von Schmerz begleitet sein wird." Die herangezognen Stellen zeigen, dass der von Schiller so scharf und blendend hervorgehobene Gegensatz zwischen der Freiheit des Willens und der unfreien Verkettung des Naturlaufes, wie ihn Lotze in seiner Geschichte der Ästhetik in Deutschland 1868 S. 87 in treffender Kürze charakterisiert hat,

---

[1]) Diese Worte, die in der ersten Ausgabe der Urania von 1801 fehlen, zusammengenommen mit den vorhergehenden Versen W. I, 155:

> Auf dieser Höhe, wo der Weg sich scheidet,
> Wo die Vergötterung des Zufalls sich entkleidet:
> Hier ist es, wo das Reich der freien Kraft beginnt.
> Mag die Naturwelt dort an Noth und Zwang erinnern;
> Die Welt der Freiheit trägt der Mensch in seinem Innern;
> Und Tugend ist der Freiheit Götterkind.

erinnern an Schillers Worte in den „Künstlern":

> Dass der entjochte Mensch jetzt seiner Pflichten denkt,
> Die Fessel liebet, die ihn lenkt,
> Kein Zufall mehr mit ehrnem Scepter ihm gebeut u. s. w.

sich hier im sechsten Gesang der Urania in seiner ganzen Klarheit wiederspiegelt und von Tiedge nicht ohne dichterische Kraft erfasst worden ist. Die Stelle „Mag die Naturwelt" u. s. w. im Zusammenhang mit den darauf folgenden Versen:

> Dort ist der Mensch ein Blatt, das sich entfaltet
> Und grünt, und willenlos zerfällt;
> Hier eine Kraft, die selbstgebietend waltet,
> Der Bürger einer Geisterwelt.
> Zwei Welten schlingen dann den wunderbaren Knoten
> Des Räthsels, das verhüllt in unserm Wesen liegt.

erinnert sowohl im Ausdruck als auch im Gedankeninhalt an folgende Worte in der Abhandlung „über Anmut und Würde": „Die Schönheit ist daher als die Bürgerin zweier Welten anzusehen, deren einer sie durch Geburt, der andern durch Adoption angehört; sie empfängt ihre Existenz in der sinnlichen Natur und erlangt in der Vernunftwelt das Bürgerrecht." Die Bilder, in denen die beiden Dichter die Vernunft- und Sinnenwelt gegenüberstellen, sind freilich verschieden, doch im innersten Kern besagen sie dasselbe, dass dem Menschen die Sinnenwelt ohne sein Zuthun offen steht, während er die Vernunftwelt sich erst erobern muss. In der Fassung der Urania von 1801 findet sich der Ausdruck „Bürger einer Geisterwelt" noch nicht. Die Stelle im Gedanken desselben ausdrückend, lautet hier folgendermassen:

> Sieh! mitten durch den Menschen streifen
> Die Grenzen zweier Welten hin:
> Die Welt des Sinnenreichs, für seinen Erdensinn,
> Die Welt des Götterthums, dem wir entgegen reifen.
> Und diese bricht aus jener mild hervor,
> Wie Blütengeist aus grünem Knospenschleier,
> Durch Ewigkeiten reift sie frei und immer freier
> Und heiliger und seliger empor.

Auch aus dem „Spaziergang unter den Linden" 1782 kehrt ein Bild in der Urania wieder. Dort heisst es: „Bang und schüchtern segelt es (ein armes Viertheil der Menschheit, das die Weisheit und Glückseligkeit zu suchen ausgeht) ohne Compass, im Geleit der betrüglichen Sterne, auf dem furchtbaren Ocean fort; schon flimmt wie weisses Gewölk am Rande des Horizonts die glückliche Küste, Land ruft der Steuermann, und siehe! ein elendes Brettchen zerbirstet, das lecke Schiff versinkt hart am Gestade." Die parallele Stelle bei Tiedge steht im ersten Gesang der Urania und findet sich bereits mit geringen Änderungen in der ersten Redaktion dieses Gesanges vom Jahre 1789, wie sie das Berlinische Journal für Aufklärung brachte. W. I, 21;

> Sieh! da steh' ich nun und wanke,
> Gleich dem Wandrer, auf beschneiter Bahn;

> Und in einem wüsten Ocean
> Rudert, ohne Kompass, mein Gedanke,
> Ohne je dem Ufer sich zu nahn.
> Und kein Pharus wirft auf so viel Syrten,
> So viel Klippen ein willkommnes Licht!

Im folgenden führe ich nun noch kurz diejenigen Reminiscenzen an Schiller auf, die sich mehr verstreut in Tiedges Werken finden. Es handelt sich hier nicht, wie im vorhergehenden um ganze Gedankenreihen, die Tiedge einem Gedicht entlehnt hat, sondern um einzelne Anklänge, die sich oft mehr auf die Form als auf den Gedanken beziehen. Die Ähnlichkeit ist in den meisten Fällen so klar, dass eine Gegenüberstellung der betreffenden Stellen genügt. Nur selten wird es einer näheren Begründung bedürfen.

Schiller: „Lied an die Freude" zuerst Thalia zweites Heft 1786 S. 1—5. Gödeke 4, 1 V. 1 ff:

> Freude, schöner Götterfunken,
> Tochter aus Elysium,
> Wir betreten feuertrunken
> Himmlische, dein Heiligthum.

Tiedge: „Einsamkeit" 1792 S. 61:

> Die Priesterin in diesem Tempel
> Sey nur die Freude, die den Stempel
> Des hohen Götterfunkens trägt.

Schiller: die Räuber 1781. Gödeke 2, 153 V. 10f:

> Ein freies Leben führen wir,
> Ein Leben voller Wonne.

Tiedge: „Die schöne Gegend bei Neinstedt" zuerst erschienen Voss, Musenalmanach für das Jahr 1800 S. 152:

> Ein freyes Leben führen wir,
> Ein Leben, wie im Himmel.

Schiller „Reiterlied" Musenalmanach für 1798 S. 137—140; doch die hier in Betracht kommende Strophe erst „Wallenstein." Erster Teil 1800. Gödeke 12, 59 V. 1103f:

> Und setzet ihr nicht das Leben ein,
> Nie wird euch das Leben gewonnen seyn.

Tiedge Werke I, 60, zuerst Urania 1801 S. 72 nachweisbar:

> Er wagt das Leben hin, um Leben zu erringen.

Schiller „Turandot" 1802. Gödeke 13, 385 V. 1036 f:

> Es jagt der Held dem Schattenbild des Ruhmes
> Durchs blut'ge Feld des Todes nach.

Tiedge Werke I, 68 Urania:

> Dort jagt nach ihr der Held durch eiserne Gefilde,
> Und stürzet dort vor einem Schattenbilde
> Verblutend hin — auf einen Lorbeerkranz. —

In der Fassung der Urania von 1801 lauteten die Verse anders:

> Ihr Schattenbild verlockt den Stolz zum Traum der Ehre,
> Vertreibt den Geiz hinaus auf Inseln wüster Meere.
> Dort jagt der Ruhm und stürzt auf einen Lorbeerkranz.

Schiller „Wilhelm Tell" Taschenbuch für Damen auf das Jahr 1807 S. 1, Gödeke 11, 401 V. 10 f:

> Doch wenn ein Volk, das fromm die Heerden weidet,
> Sich selbst genug, nicht fremden Guts begehrt,
> Den Zwang abwirft, den es unwürdig leidet u. s. w.

Tiedge Werke VII, 166, zuerst: Elegieen und vermischte Gedichte 1807. 2. Bändchen S. 118:

> Durch Eintracht stark und frei, im Stolze der Entbehrung,
> Die alles hat, weil sie nur sich bedarf,
> Stand deine Tugend auf im Glanze der Verklärung,
> Als sie der Tyrannei zurück die Ketten warf.

Schiller „die Braut von Messina" 1803. Gödeke 14, 117 V. 2585 f:

> Die Welt ist vollkommen überall,
> Wo der Mensch nicht hinkommt mit seiner Qual.

Tiedge Werke VII, 164, zuerst Elegieen und vermischte Gedd. 1807. 2. Bändchen S. 115:

> Ach! ist die Welt nur schön da, wo der Mensch verschwindet?
> Entheiligt er, was rein aus heilgen Händen kam[1])?

Schiller „Das Eleusische Fest", Musenalmanach für 1799. Gödeke 11, 299 V. 202 f:

> Freiheit liebt das Thier der Wüste,
> Frei im Äther herrscht der Gott,
> Ihrer Brust gewaltge Lüste
> Zähmet das Naturgebot,
> Doch der Mensch in ihrer Mitte,
> Soll sich an den Menschen reihn,
> Und allein durch seine Sitte
> Kann er frei und mächtig seyn.

---

[1]) Auf diese Ähnlichkeit hat schon Brunier a. a. O. S. 214 aufmerksam gemacht, und Frey führt in seinem Buche „Albrecht von Haller und seine Bedeutung für die deutsche Litteratur", Leipzig 1879, S. 202, die Schillerschen Verse auf folgende Stelle aus Hallers Alpen zurück v. 44 f:

> Sie (Natur) hat dich von der Welt mit Bergen abgezäunet,
> Weil sich die Menschen selbst das grösste Elend sind.

Tiedge Werke VIII, 67:

> Wenn der Mensch den Menschen findet,
> Wenn ein Bund sie All' umwindet,
> Den die fromme Eintracht schliesst:
> Dann beschwört die wilden Triebe
> In der Menschenbrust die Liebe:
> Dann, Reich Gottes, sey gegrüsst!

Erinnern diese Verse im Gedanken mehr an die philosophischen Briefe, an die Worte des Julius „Also Liebe, mein Raphael, ist die Leiter, worauf wir emporklimmen zur Gottähnlichkeit", so ist doch in der Form eine Anlehnung an das „Eleusische Fest" nicht zu verkennen.

Die Pflanzensymbolik, die Schiller in der „Klage der Ceres" in schöner Weise zum Ausdruck des Mutterschmerzes verwandt hat, kehrt auch in dem Tiedgeschen Gedicht „Blume auf das Grab eines Kindes" Werke III, 130 [zuerst in den Elegieen und vermischten Gedichten, Bonn 1804. S. 42 f erschienen. Entstanden ist das Gedicht Ende des Jahres 1802 oder Anfang 1803, wie Eberhardt a. a. O. S. 31 f angibt] wieder:

> Strebt zu höherm Lebenstriebe
> Auch die Blumenseele fort:
> O! dann spricht ein Pfand der Liebe
> Noch zu dir ein holdes Wort.

Wie Ceres in der Sprache der Blumen ein Mittel findet, die Verbindung mit der von ihr genommenen Tochter herzustellen, so erscheinen auch hier die Blumen als Bindeglied zwischen Lebenden und Toten, denn so verstehe ich die nicht ganz klaren Worte des sonst schönen Gedichts. Auch folgende Verse bei Tiedge W. II, 68:

> Lenz und Lerchen sind gekommen,
> Er, mein Miron, er kam nicht!

und W. IV, 127:

> Der Frühling kehrte wieder,
> Nur Ännchens Robert nicht.

beruhen wohl auf dem Anfang „der Klage der Ceres":

> Ist der holde Lenz erschienen,
> . . . .
> Deine Blumen kehren wieder,
> Deine Tochter kehret nicht.

Der geschmacklose Ausdruck in demselben Gedicht Schillers:

> Knüpfet sich kein Liebesknoten
> Zwischen Kind und Mutter an,
> Zwischen Lebenden und Toten
> Ist kein Bündnis aufgethan.

findet sich bei Tiedge in einem Gedicht, in dem er auch einer trauernden Mutter Trost zuspricht, wieder: Episteln S. 288

> Friede, Friede wohnt bei unsern Toten,
> Ihnen ist das stille Los im Hain
> Der Cypresse nur ein dunkler Knoten
> Zwischen Seyn und Besserseyn.

Schuld an diesem so wenig poetischen Ausdruck ist bei beiden Dichtern wohl nur der Reim. An eine Abhängigkeit von seiten Tiedges ist nicht zu denken. Schon durch die Chronologie wird das verboten, denn die Episteln erschienen bereits 1796, während der Musenalmanach von 1797 erst die Klage der Ceres brachte.

Das früher viel gesungene und auch in manchen Volksliedersammlungen übergegangene Gedicht: „Schöne Minka ich muss scheiden" soll nach russischem Vorbild gedichtet sein, wie J. G. Kohl im Magazin für die Litteratur des Auslandes, Berlin 1839 Nr. 64, behauptet. Gödeke „Elf Bücher deutscher Dichtung" 1849 Bd. 2 S. 208 bestreitet, dass Tiedge den Inhalt des russischen Volksliedes gekannt hat. Nur die Weise jenes Liedes habe er seinem Gedicht „der Kosak und sein Mädchen", das zuerst im Taschenbuch zum geselligen Vergnügen von W. G. Becker 1809 = W. III, 17 erschien, zu Grunde gelegt. Woher Gödekes Vermutung stammt, weiss ich nicht, doch scheint er Recht zu haben, denn weder in Form noch im Gedankeninhalt lehnt sich Tiedge an das russische Lied, das ihm durch manche Übersetzungen, die in Deutschland umliefen, bekannt sein konnte, an. An eine freie Übersetzung ist demnach wie Erck[1]) „Deutsche Volkslieder" Berlin 1741 S. 63 f, fälschlich behauptet, nicht zu denken. Nichts als den Stoff und auch diesen nur in flüchtigen Umrissen hat das russische Lied dem Dichter gegeben. Wenn man nach einem Vorbild suchen will, so springt viel eher Schillers „Hektors Abschied von Andromache" in die Augen. Doch hat Tiedge diese Vorlage frei benutzt, er hat seine Selbständigkeit durchaus gewahrt. Nur die Verse: W. III, 17

> Nie werd' ich von dir mich wenden!
> Mit den Lippen, mit den Händen
> Werd' ich Grüsse zu dir senden.

---

[1]) Eines unangenehmen Versehens macht sich Erck schuldig, wenn er behauptet, Tiedge habe dies Lied einer solchen Umdichtung (im vierten Bändchen seiner Werke von 1823) unterzogen, dass man das Original kaum wieder zu erkennen vermöge. Das Lied, das Erck dabei im Sinne hat, ist aber ein ganz anderes. Durch den Titel desselben „Russisches Volkslied" hat er sich zu dieser irrigen Ansicht verführen lassen. In Wahrheit aber ist „der Kosak und sein Mädchen" in dieser Ausgabe von Tiedges Werken gar nicht abgedruckt. Erst die Ausgabe von 1841 bringt es wieder neben dem fälschlich von Erck als zweite Fassung angesehenem Liede.

erinnern zu sehr an die Worte Andromaches, mit denen sie Hektorn vom Kampfe zurückzuhalten sucht. Freilich sind Andromaches Worte in viel düsterem Tone gehalten, weiss sie doch, dass sie Hektorn nicht wiedersehen wird, dagegen hofft Minka auf eine glückliche und ruhmvolle Heimkehr des Geliebten. Versöhnend schliesst Tiedges Lied, während Andromache mit bangen Sorgen in die Zukunft blickt. Noch ein andres Gedicht Tiedges, „die Dämoneninsel" enthält eine Reminiscenz an Schiller. Während er die Verse (im 4. Teil dieses Gedichts) W. II, 76 schrieb:

> Starr dem Meere zugewandt,
> Bebt, sie ängstlicher beklommen.
> Sieh! was treibt dort an den Strand!
> Ach! ein Leichnam kommt geschwommen,
> Und ihn wirft die Fluth ans Land!

mögen ihm die Schillerschen Verse aus „Hero und Leander":

> Und sie schwimmen ruhig spielend,
> Einen Leichnam an den Strand.

in den Sinn gekommen sein, zumal die Situation in beiden Gedichten genau dieselbe ist.

Wenn Tiedge das letzte seiner Lauralieder in der Ausgabe der Elegieen und vermischten Gedichte von 1807 2. Bändchen S. 174 (später wurde diese Strophe weggelassen) mit den Versen:

> Helden blickt aus euren Epopöen.
> Seht die Erd' ist ein beblümtes Grab.
> Alles Hohe stürzt von seinen Höhen,
> Auch das Schöne sinkt zu Staub hinab.

einleitet, so ist ihm Schillers „Nänie", die mit den Worten anhebt: „Auch das Schöne muss sterben" Vorbild gewesen. Dem Tode ist auch das Schöne verfallen, aber es lebt fort im Liede. Und wie bei Schiller alle Götter und Göttinnen der Ilias an der Klage Teil nehmen, so fordert Tiedge die Helden, die in epischen Gedichten verherrlicht fortleben, auf, sein Klagelied um die Geliebte anzuhören.

Brunier a. a. O. S. 176 vergleicht diese Tiedgeschen Lauralieder mit den Schillerschen und kommt zu dem Resultat, dass Tiedge, sonst unendlich unter Schiller stehend, ihn hier doch an Innigkeit und Natürlichkeit übertreffe. Mir erscheint eine Vergleichung zwischen Tiedge und Schiller bei diesen Liedercyclen durchaus unstatthaft, sie haben nichts weiter als den Namen gemein. Und dass Brunier Tiedges Lieder einfacher und wahrer erscheinen, ist ganz natürlich, denn Schillers Lauraoden tragen zum Teil philosophischen Charakter an sich, so knüpft zum Beispiel „das Geheimnis der Reminicenz" an eine Platonische Vorstellung an. Viel eher wird man bei diesen Tiedgeschen Liedern an Schillers Gedicht „die Begegnung" erinnert. Die Verse II, 11

und II, 8
>   Da, da seh ich noch sie schweben

>   Einen Tag vergess' ich nimmer,
>   Einen Tag, voll Licht und Glanz;
>   . . . .
>   Laura trat im weissen Schleier,
>   Wie das Leuchten eines Strahls.

versetzen uns ganz in die Anfangssituation des Schillerschen Gedichts:

>   Noch seh ich sie — umringt von ihren Frauen,
>   Die herrlichste von allen stand sie da,
>   Wie eine Sonne war sie anzuschauen.

Berücksichtigung verdienen auch noch folgende Stellen aus der Urania, die nicht in Form oder Gedanken, sondern im Sprachgebrauch Schillerschen Einfluss verraten. Bellermann (Schillers Dramen II, 170) hat zuerst darauf aufmerksam gemacht, dass die Worte in Theklas Monolog (Wallensteins Tod IV, 12): „Mir träumte von zwei himmelschönen Stunden", um deren Erklärung man sich bisher vergebens gemüht hatte, nur dann einen befriedigenden Sinn ergeben, wenn man das Zahlwort „zwei" in der Bedeutung von „kurz, wenig" nimmt. Dieser Gebrauch beschränkt sich heute nur noch auf wenige Wendungen, findet aber bei Schiller eine häufigere und ausgedehntere Anwendung, und nur so lassen sich Tiedges Verse in der Urania I, 62:

>   Zwei Stunden Zeit — zu werden und zu schwinden —
>   Und eine Sehnsucht, die an Ewigkeiten hängt!

und I, 68:

>   Nimm hin den Kelch der Lust; zwei Mal hast du getrunken,
>   Vergöttert dich gefühlt; und schon
>   Ist von der Lippe weg, der Nektarkelch gesunken.

erklären.

III.

Tiedges Lebensanschauungen und Schillers Einfluss darauf.

Wie Tiedge in seiner Selbstbiographie (Nachlass I, 90 f) berichtet, hat ein Gespräch im Freundeskreise über Willensfreiheit in ihm zuerst die Gedanken an die Urania entstehen lassen. Lange Zeit hat sich danach der Dichter mit dem Plan zu diesem Werk herumgetragen, denn jenes Gespräch fällt in die Hallenser Studienzeit und ist, wenn es sich auch nicht chronologisch genau fixieren lässt, doch sicher vor das Jahr 1779 anzusetzen, in welchem der Dichter Halle verliess und nach Ellrich übersiedelte, um eine Hauslehrerstelle zu übernehmen. Zehn Jahre vergingen dann, bis der erste Gesang der Urania im Druck erschien, und es währte von da ab noch zwölf Jahre, bis das ganze Werk vollendet wurde, das dann noch öfter mannigfachen Umarbeitungen unterzogen wurde.

Dass in dieser langen Zeit Tiedge sich allen fremden Einflusses enthalten haben sollte, ist schwer anzunehmen und wohl kaum glaublich. Jedenfalls aber lag es anfangs in seiner Absicht, denn in einem Gespräch mit Wessenberg (Nachlass I, 99) äussert er: „Ich habe ausser Horazens Episteln und Satyren nichts gelesen, und will, bevor ich mit meiner Arbeit fertig bin, nichts lesen, was mit meinem Gegenstande verwandt ist, um keinen Einfluss, keine fremde Richtung zu mir eindringen zu lassen."

In diesem Gespräch über Willensfreiheit treten uns dieselben Gedanken wie in der Urania entgegen und sie können sämtlich mit Parallelen aus Schiller belegt werden. Schillers Einfluss kann auch hier nicht geleugnet werden, er wird durch nichts hinfällig gemacht, denn die Behauptung, dass das Gespräch in dieser Abfassung im Jahre 1779 gehalten worden sei, erscheint, sobald man nur einen Blick auf dasselbe wirft, als unmöglich. Über diesen Gegenstand mag das Gespräch gehandelt haben, aber, wie es jetzt vorliegt, entstammt es einer späteren Zeit, einer Zeit, in der Schillers Einfluss auf Tiedge sich schon nachhaltig geltend gemacht hatte.

Dass wir nicht eine gleichzeitige Aufzeichnung vor uns haben, ergibt sich aus Tiedges Worten selber. A. a O. S. 90 heisst es: „Er schrieb (Tiedge spricht in der Selbstbiographie von sich immer in der dritten Person) in gesprächlicher Form seinen Aufsatz, der ihm unter den Händen zu einer nicht berechneten Stärke anwuchs, denn sein Ideengang, der auf seinem Wege nothwendig den wichtigen Fragen über Gott, Tugend und Unsterblichkeit begegnen musste, führte ihn immer tiefer in das Gebiet seiner Betrachtung hinein." Unser Gespräch berührt die letzteren Fragen gar nicht und beschränkt sich auf einen Umfang von wenigen Seiten.

Gesetzt, Tiedge hat nun wirklich, als er in hohem Alter seine Autobiographie schrieb, zu jenem gleichzeitigen Aufsatz gegriffen, sollten ihm nicht, der sich sein Leben lang mit diesen Ideen beschäftigt hat, unwillkürlich Gedanken und Lebensansichten einer späteren Zeit eingeflossen sein? Sind Selbstbiographieen immer mit Vorsicht zu benutzen, so gilt dies ganz besonders von der Tiedges. Auf sie darf man sich gar nicht verlassen, denn die Chronologie ist durchaus verwirrt, und in den Briefen an Johannes Mohr, die Tiedge S. 106 ff mitteilt, haben wir einen analogen Fall zu unserm Gespräch; denn so, wie sie dort erscheinen, sind sie gewiss nicht geschrieben worden, sondern sie sind durch eine spätere, bearbeitende Hand gegangen und für die Biographie zurecht gemacht worden. Nicht als eine vorbereitende Arbeit für die Urania, sondern viel eher als ein Auszug aus derselben ist das Gespräch anzusehen.

Die uns schon bekannten Gedanken: Trennung des Menschen in ein Vernunft- und Sinnenwesen, denen wir bei Tiedge und Schiller häufig begegnen, finden wir auch in diesem Gespräch, nur mit etwas anderer Terminologie.

„Neigung und Gesinnung sind die beiden Grundelemente des menschlichen Daseins." Doch sind sie für den Menschen nicht von gleichem Wert. Der Gesinnung gebührt durchaus die Herrschaft über die Neigung. So sehr auch Schiller in seinen philosophischen Abhandlungen betont, es sei Aufgabe des Menschen, Übereinstimmung zwischen jenen beiden Naturen zu erzielen, so zögert er doch ebenfalls keinen Augenblick, der Vernunft die Oberherrschaft zuzugestehen, falls jene beiden Prinzipien in Streit geraten. „In diesem Falle ist es unwandelbare Pflicht für den Willen", so führt er in „Anmut und Würde" aus, „die Forderung der Natur dem Anspruch der Vernunft nachzusetzen, da Naturgesetze nur bedingungsweise, Vernunftsgesetze aber schlechterdings und unbedingt verbinden."

Auf dieses Gespräch und die Urania beschränken sich Tiedges philosophische Betrachtungen. Auf sie sind wir angewiesen — nur wenig bieten uns die anderen Gedichte hierzu — wollen wir uns ein Bild von Tiedges Lebensanschauungen machen. Von einer Analyse der einzelnen Gesänge der Urania kann man dabei absehen, denn Tiedge selber hat jedem Gesange in umständlicher Prosa eine Inhaltsübersicht[1]) vorangestellt. Auch würden, wollte

---

[1]) Die Worte in der Inhaltsübersicht vor dem sechsten Gesange W. I, 151 „In jener (Sinnenwelt) entwickelt er (der Mensch) sich als Naturwesen; in dieser (Geisterwelt) reift er durch sittliche Freiheit zur sittlichen Freiheit"

man sich streng an die Folge der Gesänge halten, Wiederholungen nicht zu meiden sein. Auf wenig Zeilen lässt sich der Gedankeninhalt der Urania zusammendrängen, denn nur eng ist der Gedankenkreis, in dem sie sich bewegt. Vor allem ist die Annahme, die Urania enthalte ein philosophisches System, wie öfter behauptet worden ist, zurückzuweisen, denn die Wissenschaft fordert Beweise, die aber zu geben verboten Tiedgen sowohl das Thema, das sich überhaupt nicht beweisen lässt, als auch die gebundene Form, in die sich die knappe und bestimmte Ausdrucksweise eines Philosophen nicht einzwängen lässt. Was uns der Dichter bietet, sind vereinzelte religiöse und sittliche Betrachtungen, wie wir ihnen auch im Kirchenliede zu begegnen pflegen. Nur der sechste Gesang, in dem sich Tiedge eng an Schiller anschliesst, enthält einen philosophischen Gedanken.

Indem der Dichter die skeptische und materialistische Richtung der Philosophie bekämpft, bemüht er sich, den zagenden Zweifler in der Aussicht auf Unsterblichkeit und in dem Glauben an das Dasein Gottes von neuem zu beleben und zu bestärken. Durch das ewige Schaffen der Natur und die Stimme des Gewissens ist das Dasein Gottes unabweisbar. Beides gilt ihm auch als Zeugnis für die Unsterblichkeit des Menschen: I, 108.

>   Vom Seyn zum Seyn geht alles Leben über;
>   . . . .
>   Zum Nichtseyn ist kein Schritt in der Natur.

und I, 94:

>   Wohl ist die Bürgschaft für den Himmel,
>   Der Himmel hier in unsrer Brust.

Untrennbar mit dem Glauben an Gott ist die Tugend verknüpft. I, 54:

>   Es ist ein Gott! der Tugend verbürgendes Leben
>   Verkündet ihn, sie wäre nicht, wäre kein Gott.

Die Tugend, die ideale Vollkommenheit des Menschen, entsteht aus der engen Verbindung zweier ursprünglich getrennter Naturen, die der Sinnenwelt und Geisterwelt angehören. Wiederholt haben wir diesen Gedanken berührt, aber noch einmal möge hier Schiller zur Vergleichung herangezogen werden, damit man erkenne, wie bis ins kleinste Tiedge diesen einen Schillerschen Gedanken angenommen hat. Denn auch Tiedge vertritt die Ansicht, dass die Neigung, wenn sie auch immer der Pflicht

---

möchte man gern für einen Druckfehler halten. Allein sie finden sich in sämtlichen Ausgaben der Urania. Auch Beyer in seiner kurzen Inhaltsangabe der Urania (deutsche Poetik Band 2, 2. Aufl., 1887) hat diese Worte anstandslos hinübergenommen. Die Erklärung dieser dunklen Stelle ist er uns aber schuldig geblieben.

untergeordnet sein muss, doch nie in einem sittlich vollkommenen Menschen ganz fehlen darf. In der Inhaltsübersicht zum sechsten Gesang der Urania heisst es: „Die mit der Vernunft in Einstimmung gebrachten sinnlichen Neigungen sind eine liebliche Begleitung unseres Wandels: aus dieser Eintracht allein tritt das wahre Leben, das Leben der Freiheit hervor." Und die poetische Stelle dazu aus der Urania spricht dies noch deutlicher aus: I, 180

>Die Freiheit der Vernunft ist unser wahres Leben.
>Zur Führerin ist sie, und zu Begleitern sind,
>Durch diess verschlungne Labyrinth,
>Uns freundliche Gefühle mitgegeben.
>Wenn Hoheit unsern Busen hebt:
>Dann strömen sie die Glut auf unsre Wangen;
>Oft aber fallen sie gefangen
>In Netze, die der Reiz der Sinne webt.
>Sie dürfen die Vernunft nicht niederschwärmen,
>Sie dürfen nur den Keim der Edelthat
>Empor zur vollen Reife wärmen;
>Und lieblich blüht um sie die heitre Lebenssaat.
>Wo ihre Wärme fehlt, da ist die Gegend öder;
>Die Distel wuchert nicht hervor;
>Doch auch kein Fruchtbaum reift, und die erhabne Ceder
>Hebt nie darin ihr Kronenhaupt empor.
>Gefühle tanzen gern, im holden Zauberschimmer
>Der Phantasie, mit unserm Herzen hin;
>Allein die ernstere Vernunft sey immer
>Die richtende Gebieterin,
>Ihr freies Machtgebot der Leitstern, der uns führet!

Man kann hier in Verlegenheit sein, welche Stelle aus Schiller[1]) man anführen soll, denn wir begegnen hier einem Lieblingsgedanken Schillers, der in seinen philosophischen Abhandlungen oft wiederkehrt. Er findet sich sowohl in „Anmut und Würde" als auch in den Briefen „über die ästhetische Erziehung des Menschen" ausgesprochen, und nur einige Stellen von den vielen mögen hier zum Belege dienen. Ästhetische Erziehung vierzehnter Brief: Dass der Mensch „in voller Bedeutung des Worts Mensch ist, kann er nie in Erfahrung bringen, solange er nur einen dieser beiden Triebe ausschliessend, oder nur einen nach dem andern befriedigt, denn solange er nur empfindet, bleibt ihm seine Person oder seine absolute Existenz, und solange er nur denkt, bleibt ihm seine Existenz in der Zeit oder sein Zustand Geheimnis."

---

[1]) Formell berührt sich Tiedge hier sowohl in dem kurzen Satz der Inhaltsübersicht, als auch in den Versen mit jener bekannten Prosastelle aus „dem Erhabenen" und dem aus dieser hervorgegangenen Gedicht Schillers „die Führer des Lebens."

Oder dreizehnter Brief: „Beide Triebe haben also Einschränkung und, insofern sie als Energieen gedacht werden, Abspannung nötig, jener (sinnliche Trieb), dass er sich nicht ins Gebiet der Gesetzgebung, dieser, dass er sich nicht in das Gebiet der Empfindung eindringe u. s. w. Und in demselben Brief vorher: „Über diese (Sphäre des sinnlichen Triebes und des Formtriebes) zu wachen und einem jeden dieser beiden Triebe seine Grenzen zu sichern, ist die Aufgabe der Kultur, die also beiden eine gleiche Gerechtigkeit schuldig ist und nicht bloss den vernünftigen Trieb gegen den sinnlichen, sondern auch diesen gegen jenen zu behaupten hat. Ihr Geschäft ist also doppelt: erstlich die Sinnlichkeit gegen die Eingriffe der Freiheit zu verwahren, zweitens die Persönlichkeit gegen die Macht der Empfindungen sicher zu stellen." Und hierzu nehme man die ausführliche Auseinandersetzung über diesen Gegenstand in „Anmut und Würde", die mit den Worten endigt „derjenige Zustand, wo Vernunft und Sinnlichkeit — Pflicht und Neigung — zusammenstimmen (wird) die Bedingung sein, unter der die Schönheit des Spiels erfolgt." Auch im einzelnen bieten sich Parallelen dar; so zu den Versen:

> Oft aber fallen sie (die Neigungen) gefallen
> In Netze, die der Reiz der Sinne webt.
> Sie dürfen die Vernunft nicht niederschwärmen u. s. w.

folgenden Stelle aus „Anmut und Würde", „Weit mehr Gefahr ist da, dass die Neigung den Zustand des Leidens endlich zum herschenden mache, die Selbstthätigkeit des Geistes ersticke und eine allgemeine Erschlaffung herbeiführe."

Dass Tiedges Anschauungen über sittliche Freiheit vollkommen denen Schillers entsprechen, ist, glaube ich, somit erwiesen. Aber, wenn wir sehen, dass Tiedge diese Anschauungen, die Schiller allein vertritt, angenommen hat, warum sollen wir länger zögern, Schiller auch da, wo er nicht selbständig in seinen Ansichten ist, als Quelle Tiedges anzunehmen? Warum soll Tiedge nicht die Gedanken eines Spinoza und Leibniz aus Schillers philosophischen Briefen kennen gelernt haben? Schwer ist es allerdings, dafür einen Beweis zu erbringen. Nur die Form kann hier entscheiden. Auf sie kommt es vornehmlich an, will man eine Ähnlichkeit zwischen zwei Dichtern, die eine Idee gemeinsam vertreten, feststellen, dass aber eine solche zwischen Schillers philosophischen Gedichten und Tiedges Urania besteht, habe ich oben zu zeigen versucht.

Julian Schmidt sagt in seiner Geschichte der deutschen Litteratur 1890, 4. Band S. 166 von der Urania, dass sie in den Ideen halb an Jakobi, halb an Fichte, in der Weise nur abgeschwächt an Schiller anklinge. Richtig ist es, dass Jakobi[1]) der

---

[1]) In den „Wanderungen durch den Markt des Lebens" feiert Tiedge das Andenken Jakobis mit Worten, die tief empfunden zu sein scheinen und die

Begründer der Glaubensphilosophie ist, wie sie uns in der Urania entgegentritt. Was Kant als unbeweisbar hingestellt hatte, wo er die Grenzen des menschlichen Denkens gezogen hatte, da setzt Jakobis Philosophie ein. Auch ihm sind die drei Ideen, Gott, Unsterblichkeit und Freiheit, für den Verstand unfassbar; aber wenn das menschliche Denken hier versagt, so tritt an seine Stelle das Gefühl. Nur im Glauben können wir dieser drei Ideen gewiss werden. Dass dieser Satz auch die Tendenz der Urania ist, die dem zweiten bis sechsten Gesange zu Grunde liegt, lässt sich nicht leugnen. Aber hat diesen Gedanken nicht auch Schiller in seinen „Worten des Glaubens" Ausdruck verliehen? Warum soll man also auf Jakobi zurückgehen, zumal wir auch noch formelle Ähnlichkeiten zwischen dem Schillerschen Gedicht und einigen Stellen der Urania festgestellt haben. Dazu kommt, dass Jakobi zwei Axiome der Kantischen Philosophie leugnet, die wir bei Tiedge und Schiller hingegen wiederfinden. Hält er doch die Sinneswahrnehmung für untrüglich, dagegen ist er nicht davon überzeugt, dass Zeit und Raum a priori gegeben sind.

Auch kann man mit Julian Schmidt einen Einfluss der Fichteschen Philosophie erkennen, die im Gegensatz zu Kant die sittliche Handlung aus einer Vereinigung des Naturtriebes und des geistigen Triebes entstehen lässt, doch dabei betont, dass der Endzweck des sittlichen Handelns in der Unendlichkeit liege. Ich habe dabei die Stelle aus dem fünften Gesang im Auge: „Zwei Mächte sind im Menschen tief verschlungen" u.s.w. Aber bemerkten wir nicht auch hier eine formelle Anlehnung an Schillers „Ideal und Leben", während der Gedanke mehr der Abhandlung „über Anmut und Würde" entspricht?

H. Gelzer hat in seinem Buch „die neuere deutsche Nationallitteratur nach ihren ethischen und religiösen Gesichtspunkten"

---

ein grosses Interesse an dem Philosophen bekunden. Nachdem er Kants und seiner rigorosen Moralphilosophie gedacht hat, fährt er fort: W. X, 181 f:

> Jetzt aber folge mir zu einer mildern Sonne!
> Da blüht das Göttliche hell auf im wärmern Strahl.
> Begleite mich zu jenem sanften Hügel!
> Melodisch tönen dort die Flügel
> Der Lüfte, wie durch einen Liederhain;
> Da strahlt ein Heiligthum, da zogen Götter ein.
> Jacobi waltet dort; er hob aus kaltem Lande,
> Wo minder freudiglich die Himmelsblume blüht,
> Das Göttliche vom grübelnden Verstande
> Hinüber in's prophetische Gemüth.
> Hinweg gewandt vom lärmenden Gewühle
> Der Afterweisheit, die den grossen Markt durchtönt,
> Hat dieser Mann mit dem Gefühle
> Den scharfen, hellen Geist versöhnt. —

Leipzig 1849 Teil 2 S. 328 gegen Tiedge den Vorwurf erhoben, dass seine Urania starke Anflüge von Menschenvergötterung enthalte. Zum Beleg dienen ihm dafür die Verse aus dem fünften Gesang I, 148 f:

> Wer, in solcher Hoheit thronend
> Kühn es wagt, sein Gott zu seyn,
> Und, im eignen Himmel wohnend,
> Keinen Himmel anzuschrein:
> Den umfesseln Zaubergaben
> Eines reichen Zufalls nicht.
> O, der Freie trägt erhaben
> In der Brust das Weltgericht!

und der Schluss der Urania I, 195:

> Ein Mensch, ein müder Pilger schliesset,
> Ein Gott beginnet seinen Lauf.

Auf den ersten Blick mögen diese Verse befremdlich erscheinen und „mit der Schwächlichkeit, die über der ganzen Urania liegt", wie sich Gelzer ausdrückt, „in sonderbarem Contrast stehen", nimmt man sie aber im Zusammenhang, in dem sie stehen und aus dem sie nicht herausgerissen werden dürfen, so fällt dieser Vorwurf in sich zusammen. Denn die aus dem sechsten Gesang angeführten Verse greifen nur wieder zurück auf die Allegorie des Herakles, die uns veranschaulichen sollte, dass „durch die Hülle der Sterblichkeit eine Götterspur dämmere" I, 186, dass der Tod den Menschen aus den Banden des Irdischen zu dem göttlichen Ideal, zu der Einheit, die er einst mit Gott hatte, wieder erhebt. Von einer Menschenvergötterung, in dem uns heute geläufigen, tadelnden Sinne ist in der Urania überhaupt nicht die Rede, sondern die Vergötterung ist hier immer gleich bedeutend mit dem Zustande, den die Mystiker „Vergottung" nannten. Auf mystischer Grundlage beruht auch die erste, von Gelzer beanstandete Stelle. Wie Meister Eckhart macht Tiedge keinen Unterschied zwischen der Seele Christi und der Seele des Menschen. Auch wir können, wenn wir dem Beispiel Christi nachfolgen und uns eines heiligen Lebens befleissigen, zu der Höhe gelangen, die Christus erlangt hat, und dann befinden wir uns in einem Zustande, wo wir Gottes nicht mehr bedürfen, weil wir ihn in uns haben.

Gelzer hätte beachten sollen, dass die Verse, aus denen er Menschenvergötterung herausliest, sich nur als Folge ergeben aus dem, was Tiedge kurz vorher über Christus gesagt hat, und dann würde sich auch für ihn nichts Auffallendes und der sonstigen Tendenz der Urania Widersprechendes ergeben haben.

Noch gegen einen andern Vorwurf, den man öfter gegen Tiedge erhoben hat, der Urania gebreche es an wirklich christlicher

Überzeugung[1]), gilt es den Dichter in Schutz zu nehmen. Dies konnten nur die dem Dichter vorwerfen, die in der Urania eine Darstellung der christlichen Lehre zu sehen glaubten; denn richtig ist es, dass Tiedge den Glauben an Gott nicht durch die Heilsoffenbarung der christlichen Kirche, sondern durch die Vernunft[2]) gewinnt und hier berührt er sich wieder mit den Mystikern. Suchen neuere Denker, wie Lasson in „Ueberweg-Heinzes Grundriss der Geschichte der Philosophie, zweiter Teil Berlin 1886" S. 284 treffend bemerkt hat, aus reiner Vernunftwissenschaft heraus eine Übereinstimmung mit dem Christentum anzustreben, so ist Eckhart von einer, wie er glaubte, kirchlichen Anschauung zu einem Absolutismus der Vernunft gekommen. Zu diesen neueren Denkern gehört Tiedge. Bei ihm tritt Christus zurück, er führt ihn, „den grösseren Socrates der Christen" nur als „erhabenes weg-weisendes Leben" an; der erlösenden Kraft seines Todes gedenkt er nicht. Aber ehe man Tiedge des Unglaubens beschuldigt, wäre es doch nötig, dass Stellen gezeigt würden, in denen er mit der christlichen Lehre in Widerspruch steht. Nur ein positiver Beweis ist hier angebracht, denn das Argumentum ex silentio würde nur dann etwas besagen, wenn es in Tiedges Absicht gelegen hätte, in der Urania das christliche Glaubensbekenntnis zu verherrlichen. Wer aber überhaupt Tiedges Glauben an Christus in Zweifel ziehen sollte, der lese seine Gedichte „an Christus", „der Ostermorgen", „die Apostel am Pfingstmorgen", aus denen reines unverfälschtes Christentum spricht.

Tiedge steht durchaus auf dem Boden des Christentums, wenn er sich auch oft und scharf gegen die Ausschreitungen und Missbräuche der Kirche, namentlich gegen die Unduldsamkeit des Pfaffentums wendet. Der Glaube bleibt ihm doch immer die Brücke zwischen „hier und dort." Ihn können wir nicht entbehren, und keine Philosophie kann uns denselben ersetzen. Zu diesem Glauben, der einen wichtigen Faktor in Tiedges Lebensanschauung bildet, gesellen sich die Ansichten der verschiedenen Philosophen, denn für keinen allein können wir ihn in Anspruch

---

[1]) Auch Kurz ist dem in seiner Litteraturgeschichte Band 3, S. 268 entgegengetreten.

[2]) Im zweiten Gesang der Urania entwickelt Tiedge diesen Gedanken, den er auch zum Gegenstand eines längeren Gedichts, „Vernunft" überschrieben, W. VII, 92, gemacht hat. Am klarsten und unzweideutigsten ist folgende Stelle aus den „Wanderungen durch den Markt des Lebens", X, 134:

Das Auge
Des wahren Glaubens heisst: Vernunft!
Zuerst war die Vernunft, sie blickt' empor vom Staube;
Gott suchend, fand sie des Erhabnen Spur.
Es war ein Gottesstrahl, der durch ihr Leben fuhr;
Das Wort von Gott empfing von ihr der Glaube.

nehmen, auch nicht für Schiller, denn, was er diesem entnommen hat, sind, wenn man von der Schillerschen Idee der sittlichen Freiheit absieht, nur beiläufige Bemerkungen. Selten nimmt er vollständig erschöpfend einen Schillerschen Gedanken in seine Gedichte hinüber. So verschmäht er die Grundidee des sonst von ihm vielfach benutzten Gedichtes, der Resignation „dass die Tugend ohne Hoffnung auf Belohnung" schon wahres Lebensglück ausmache. Für Tiedge gibt es keine Tugend, die ohne den Glauben an die Unsterblichkeit auslangt — ein Hauptsatz der philosophischen Briefe — ihm ist vielmehr letztere die Bedingung für die Tugend.

Nur oberflächliche Kenntnis der Schillerschen Philosophie, die mehr die Form als den Inhalt berücksichtigt, verrät die Urania. Aber das soll kein Tadel sein, hingegen wollen wir es dem Dichter zum Lobe anrechnen, dass er uns so wenig Philosophie, die der Poesie ein so widerstrebendes Element ist, gegeben hat. Die Schwierigkeiten, die dem Dichter da aufstossen, sind zu gross, sie zu überwinden vermag nur ein Genius wie Schiller.

Die beiden Ansichten, die Urania sei ein philosophisches Gedicht und stelle Kantische Gedanken poetisch dar, bedürfen der Berichtigung. Kein einheitliches philosophisches Gedicht ist die Urania, sondern einzelne, zusammenhanglose lyrische Gesänge sind es, die sich in religiösen und sittlichen Betrachtungen ergehen, und an die Stelle des Philosophen muss der Dichterphilosoph treten, denn die edle und phantasievolle Darstellung des Dichters hat auf den Dichter mehr gewirkt, als die wissenschaftliche Untersuchung des Philosophen.

IV.

Andere Vorbilder Tiedges.

Dass sich Tiedge so von Schiller beeinflussen lassen konnte, dass er, ohne seine Individualität zu wahren, fortgerissen wurde auf der Bahn, die der grössere Dichter ihm voranschritt, das liegt im letzten Grunde doch in der geistigen Verwandtschaft, die beide Dichter trotz der grossen Verschiedenheit ihres dichterischen Talentes mit einander verband. Bezeichnend hierfür ist, dass der Einfluss der Dichter, die auf Schiller gewirkt haben, auch bei Tiedge bemerkbar ist. Schubart und Haller, von denen jener nur vorübergehend, dieser aber nachhaltigen Einfluss auf Schiller ausgeübt hat, sind die beiden Dichter, deren Spuren wir auch bei Tiedge wiederfinden. Dichtete Schiller im Anschluss an „die Fürstengruft" [1]) „die schlimmen Monarchen", die nur die eine Seite der Schubartschen Vorlage behandeln, so fasste Tiedge den Inhalt des ganzen Gedichts in seinen „Mausoleen", die 1794 gedichtet sind, zusammen. Die Eingangsstrophe bei Schubart:

> Da liegen sie, die stolzen Fürstentrümmer,
> Ehmals die Götzen ihrer Welt!
> Da liegen sie, vom fürchterlichen Schimmer
> Des blassen Tags erhellt!

hat Tiedge als zweite Strophe seines Gedichts folgendermassen verwendet: W. II, 114:

> Kronenträger waren diese Trümmer;
> Zur Verwesung sanken sie hinab;
> Ausgezogen haben sie den Schimmer,
> Der sie, wie ein Lichtgewand umgab.

Wenn Tiedge Strophe 5 sagt:

> Kalt verstummen alle Schmeichelworte,
> Die beredte Höflingsmiene schweigt.

so ist das der Nachhall der elften Strophe bei Schubart:

> Sprecht, Höflinge, mit Ehrfurcht auf der Lippe,
> Nur Schmeichelei'n ins taube Ohr!

Ebenso gleichen sich die Strophen 8 bei Tiedge:

> Ach, wie schrecklich! schrecklich umgestaltet
> Ist das Haupt der hohen Majestät!

und 9 bei Schubart:

> Zum Totenbein ist nun die Brust geworden,
> Einst eingehüllt in Goldgewand.

Mich dünkt, diese Einzelheiten bezeugen hinreichend die Abhängigkeit Tiedges von Schubart. Aber auch die Komposition

---

[1]) Auch Höltys Elegie „auf einen Stadtkirchhof" behandelt denselben Gegenstand nur mit dem Unterschiede, dass an Stelle der Fürsten sittenlose und lasterhafte Städter treten, deren „goldene Mausoleen" von dem „Pöbel" „angegafft" werden, während der bescheidene grüne Hügel eines Dichters vergessen daliegt. Auch hier wird von Hölty mit einem gewissen „wollustvollen Grausen" die Vergleichung zwischen der einstigen Herrlichkeit und der alles vernichtenden und entstellenden Macht des Todes ausgemalt. — Auf Höltyschen Einfluss muss weiter unten noch näher eingegangen werden, denn er macht sich auch sonst noch bei Tiedge geltend. Hier möge nur daran erinnert werden, dass sich in Schillers Jugendgedichten ebenfalls deutliche Bezüge auf Hölty finden, wie Minor in der Zfd. A. 24. S. 51 gezeigt hat.

ist in beiden Gedichten dieselbe. Der grösste Teil der Gedichte ist „den schlimmen Monarchen" gewidmet, zum Schluss geht Schubart mit vier Strophen auch auf die guten Fürsten ein. Tiedge thut es ihm nach, denn auch sein Gedicht schliesst mit Versen, die das Andenken an die guten Fürsten feiern.

Mehr verstreut sind die Anklänge an Haller in Tiedges Werken. Schon C. Lemcke, der in seiner „Geschichte der deutschen Dichtung neuerer Zeit", Leipzig 1871, Bd. 1, S. 448, zuerst auf den gewaltigen Einfluss, den Haller auf die deutsche Litteratur ausgeübt, aufmerksam gemacht hat, weist S. 448 auch auf Tiedge mit den Worten hin: „die (nun folgende) Schilderung der Ewigkeit und des unendlichen Weltraums und Gottes Grösse klang bis über Tiedges Urania hinaus nach", doch ohne Parallelstellen anzugeben.

In Hallers „Morgengedanken" (Hirzels Ausgabe 1882 S. 5) heisst es:

> Doch, dreimal grofser Gott! es sind erschaffne Seelen
> Für deine Thaten viel zu klein,
> Sie sind unendlich grofs, und wer sie will erzählen,
> Muss, gleich wie du, ohn' Ende sein.

Diese Unzulänglichkeit des Menschen, Gottes Wesen zu begreifen, drückt Tiedge im zweiten Gesang der Urania mit nicht zu verkennender Anlehnung an Haller folgendermassen aus: W. I, 28.

> Sie (die Wahrheit) ganz zu fassen, müsst' ihr Umfang kleiner — oder
> Du, Mensch, du müsstest grösser seyn.

Düntzer hat in seinen Erläuterungen zu Schillers Gedichten zuerst gezeigt, dass den Versen:

> Nur durch das Morgenthor des Schönen
> Drangst du in der Erkenntnis Land.

in „Schillers Künstlern" die Hallerschen aus den „Morgengedanken" S. 3:

> Durchs rothe Morgenthor der heitern Sternenbühne
> Naht das verklärte Licht der Welt.

zu Grunde liegen. Auch bei Tiedge kehrt dieser Ausdruck zweimal wieder. Urania Gesang 3: W. I, 78.

> Ein jeder Blick von einer lichten Hore,
> Die einen Strahl der Wahrheit uns vertraut,
> Ist eine triumphirende Aurore,
> Die durch das Morgenthor der grossen Zukunft schaut.

und W. II, 1 „Morgenfeier"

> Hochgegrüsst sei du, Aurore!
> Fackeln deiner ersten Hore
> Leuchten roth durch's Morgenthor.

Schillers „Und die Tugend, sie ist kein leerer Schall" in den „Worten des Glaubens" und Tiedges „Fürwahr die Tugend ist kein leeres Traumgegrübel" im fünften Gesang der Urania (doch nur in der Ausgabe von 1801, S. 157) gehen beide zurück auf den Anfang des Hallerschen Gedichts „die Tugend" S. 77: „Freund! die Tugend ist kein leerer Namen."

Frey vergleicht in seinem Buch „Albrecht von Haller und seine Bedeutung für die deutsche Litteratur" Leipzig 1879 mit den Hallerschen Versen aus dem Gedicht „über die Ewigkeit" S. 152, V. 63—66.

> Die schnellen Schwingen der Gedanken,
> Wogegen Zeit und Schall und Wind
> Und selbst des Lichtes Flügel langsam sind,
> Ermüden über dir und hoffen keine Schranken.

die Verse Schillers in dem Gedicht „die Grösse der Welt":

> Senke nieder
> Adlergedank', dein Gefieder.

Vielleicht mit noch mehr Recht lassen sich hier mehrere Tiedgesché Verse heranziehen. Tiedge W. VI, 130:

> So schwinget der Gedanke
> Zum Äther sich hinauf;
> Die enggezogne Schranke
> Hält seinen Flug nicht auf.

Und folgende Stelle aus den „Wanderungen durch den Markt des Lebens", die zugleich an die von der Poesie gesprochenen Worte in Schillers „Huldigung der Künste" erinnert: W. IX, 105

> Keine Willkühr! keine Schranke!
> Frei und unverkümmert zieht
> Der beflügelte Gedanke
> Durch das geistige Gebiet.

Ausserdem W. VII, 48. W. VII, 94. W. VII. 134.

Das bekannte Hallersche Wort aus den „Gedanken über Vernunft, Aberglauben und Unglauben" V. 17:

> Unselig Mittelding von Engeln und von Vieh!

das in dem Gedicht „über den Ursprung des Übels" II, 107f wiederkehrt:

> Zweideutig Mittelding von Engeln und von Vieh,
> Es überlebt sich selbst, es stirbt und stirbet nie.

wendet auch Tiedge in der Epistel „A - an Tiedge" (nur in den „Erholungen" hggb. von G. W. Becker 1796. Erstes Bändchen 1796 S. 243) auf den Menschen an:

> Denn für das Mittelding von Engel und von Viehe
> Muſs auch ein Mittelding von Weid' und Himmel sein.

und in den Wanderungen durch den Markt des Lebens W. X, 194 nennt er den Affen „ein Mittelding von Mensch und Vieh", sich vielleicht der Schillerschen Verse erinnernd:

> Ein Kind mit eines Riesen Waffen,
> Ein Mittelding von Weisen und von Affen.
> (Die berühmte Frau, v. 139 f.)

In dem Gedicht, das vom Aberglauben und Unglauben handelt, sucht Haller diese beiden menschlichen Fehler daraus zu erklären, dass es dem Menschen nicht beschieden ist, das Woher und Wohin unseres Daseins zu ergründen. Auch das Bewusstsein, dass jeder Mensch von seinem „Sein" hat, hilft ihm nicht das Rätsel lösen. Die Vernunft V. 109 hat hier dem Menschen nur das Zweifeln gelehrt. Die Verse S. 47 lauten:

> Wir sind, und jeder ist sich gnug davon bewuſst,
> Ein unleugbar Gefühl bezeugt's in unsrer Brust.
> Allein woher wir sind, und was wir werden sollen,
> Hat der, der uns erschuf, nur Weisen zeigen wollen.
> . . . .
> Doch weil der Stolz sich schämt, wann wir nicht alles wissen,
> Hat der verwegne Mensch auch hier urteilen müssen.
> Er hat, weil die Natur ihn nur zu zweifeln lehrt,
> Sich selbst geoffenbart und seinen Traum verehrt.

Damit vergleiche man Tiedge im vierten Gesang der Urania: W. I, 108 f.

> Zwar überschattet Nacht den Urquell unsrer Tage;
> Wir wissen nicht, woher, wir wissen nicht, wohin
> Der grosse Strom die kleine Welle trage;
> Doch mein Triumph ist, dass ich bin.
> Wir wissen nicht, wohin! Drum müssen wir verschwinden?
> Wir wissen nicht, woher! und doch, o Freund, wir sind!
> . . . .
> Noch Eine Bürgschaft ruht tief in des Menschen Brust:
> Es ist das Heilige, das die Natur nicht kennet.
> Das innre Seyn, das uns den Geist der Tugend nennet,
> Durch sich nur ist der Mensch sich dieses Seyns bewusst.

Aus seinem inneren Selbst, da die Natur hier versagt, oder, um mit Haller zu reden „nur zu zweifeln lehrt", holt Tiedge die Beweise für die Unsterblichkeit. „Sein werd' ich, weil ich bin", wie er am Ende dieses Gesanges ausruft.

Wir erinnern uns, dass im zweiten und dritten Gesang dem Dichter die in jedem Jahr sich neu belebende Natur als Symbol der Unsterblichkeit galt, und bemerkten dabei Anlehnung an Schillers philosophische Briefe. Aber auch Hallerscher Einfluss ist hier nicht abzuweisen. Vers 325 ff seines eben erwähnten Gedichts heisst es:

> Genug, es ist ein Gott; es ruft es die Natur,
> Der ganze Bau der Welt zeigt seiner Hände Spur.
> Den unermessnen Raum, in dessen lichten Höhen
> Sich tausend Welten drehn und tausend Sonnen stehen,
> Erfüllt der Gottheit Glanz.

Auch Tiedge nimmt im Anfang des dritten Gesanges die Gedanken des Vorhergehenden, der von dem Dasein Gottes handelt, mit den Worten auf: W. I, 57:

> Es ist ein Gott! Kometen rollen
> Mit Lebenskräften, ihm entquollen,
> In die Unsterblichkeit hinaus.
> Auf sie, die seinem Blick nicht näher schweben,
> Als du ihm wandelst, giesst er Leben
> Und Licht in vollen Strömen aus!
> Giesst Trieb' und Kräfte, fort zu streben,
> Beseelend in die Wüstenei,
> In die Unendlichkeit der grossen Weltenferne.

Aber nicht nur die Sterne und die Erscheinungen am Himmel beweisen die Allgegenwart Gottes, die uns umgebende Natur auf Erden zeugt schon dafür. Die poetische Ausführung dieses Gedankens findet sich auch bei Haller, aber nicht bei ihm allein; er kehrt bei vielen Dichtern dieser Zeit wieder. Und Gellert ist es, an den sich Tiedge im dritten Gesang der Urania anlehnt: W. I, 43:

> Den Hohen, Tiefverborgnen schleiert
> Die Nacht in ihr geweihtes Dunkel ein,
> Der offne Tag, die Luft, voll Lerchenstimmen, feiert
> Sein grosses wunderbares Seyn
> Und eifernd predigt ihn die hehre Wolkenstimme,
> Die von den Wölbungen des Himmels niederschallt,
> Von ihm begeistert, rauscht der Wald;
> Von Gott erzählt die Luft, die an des Baches Krümme
> Hinunter spielt, und leis' um Angerblumen girrt.
> Ihn zu verkünden, hat der Wurm auch eine Stimme,
> Der kleine Wandrer dort, der durch den Mooswald irrt.

Wer erinnert sich da nicht der Gellertschen Verse, die Gott als Schöpfer preisen?

> Dich predigt Sonnenschein und Sturm,
> Dich preist der Sand am Meere.
> Bringt, ruft auch der geringste Wurm,
> Bringt meinem Schöpfer Ehre!
> Mich, ruft der Baum in seiner Pracht,
> Mich, ruft die Saat, hat Gott gemacht;
> Bringt unserm Schöpfer Ehre!

Sentimentalität und Schwärmerei ist es, was die Litterarhistoriker als charakteristisches Merkmal der Tiedgeschen Lyrik anzuführen pflegen, und nicht selten wird ihm eine Stelle beim Göttinger Dichterbund angewiesen. Zwar tritt uns dieser Zug in dem grösstem Dichter dieses Bundes nicht entgegen. Bürgers[1]) Einfluss auf Tiedge beschränkt sich auch nur auf einige Reminiscenzen, er ist kein tiefgehender gewesen, der Tiedges Wesen nachhaltig durchdrungen hätte.

Gleim schon hatte in dem oben S. 3 mitgeteilten Brief bei dem Gedicht „an Lina" Bürgers Namen erwähnt. Nichts hilft es, wenn Gleim sowohl Bürgers als auch Tiedges Gedicht auf Bernard zurückführt; Bürgers besonderer Einfluss lässt sich bei Tiedges Lied nicht wegleugnen. Mag das Versmass immer an den Franzosen erinnern und von diesem entlehnt sein — bei Göcking findet sich dasselbe auch — die Verse, wo zwei immerhin seltene Worte einander reimen:

> Wenn ihr selbander
> Auf dem Mäander
> Des Lebens schifft.

zeigen unabweislich die Anlehnung an die freilich im Gedanken anders gehaltenen Verse Bürgers:

> Wenns heisser wird
> Geht man selbander
> Zu dem Mäander,
> Der unten irrt.

Trotzdem der Inhalt der beiden Lieder so ganz verschieden ist, den einen Gedanken, dass die Natur dem Liebenden nichts bedeutet, wenn nicht die Geliebte die ihr dargebrachte Liebe erwidert, haben sie doch gemein.

> Schön ist die Flur,
> Allein Elise
> Macht sie mir nur
> Zum Paradiese.

---

[1]) Dass auch Tiedge an dem tragischen Ende, das dieses Dichterleben hat finden müssen, innigen Anteil nahm, bezeugt folgendes im Göttinger Musenalmanach von 1795 veröffentlichtes Epigramm Tiedges, das sich mit bitterem Spott gegen das deutsche Publikum wendet und ihm an dem frühzeitigen und jammervollen Ende des Dichters Schuld gibt: S. 213, „Dichterehre".

> Wie strebt der teutsche Genius,
> Den Dichter seines Volks zu schätzen,
> Um desto früher ihm ein Monument zu setzen,
> Macht man, dass er verhungern muss. —

Es ist bekannt, dass Bürger auch auf die Lyrik des jungen Schiller nicht ohne Einfluss gewesen ist.

heisst es bei Bürger, und bei Tiedge bewirkt die Liebe, dass „wir die Sachen um Thal und Höh'n ganz anders seh'n."
Die Worte:

> Meiner Augen Denkmal sei dies blaue
> Kränzchen flehender Vergissmeinnicht.

die Bürger in seinem tief empfundenen Gedicht „Mann der Lust und Mann der Schmerzen" seine Molly beim Abschied sprechen lässt, hallen bei Tiedge nach, wenn er seiner ihm durch den Tod entrissenen Laura nachruft: W. II, 7:

> Jeder blaue Stern der Quelle,
> Sanft, wie Huld, und klar, wie Licht,
> Malt ihr Auge mir, diess helle,
> Geistige Vergissmeinnicht[1]).

Auch das freilich Bürgers erster Gattin zugeschriebene, doch von ihm überarbeitete Gedicht „Mutterändelei" gab Tiedgen Veranlassung ein Lied „Mutterfreude", oder wie es anfangs hiess „Mutterekstase" zu dichten. Die Strophen, die sich in den beiden Gedichten am auffallendsten ähneln, lauten bei Bürger:

> Seht mir doch mein schönes Kind
> Mit den goldnen Zottellöckchen,
> Blauen Augen, rothen Bäckchen!
> Leutchen, habt ihr auch so eins? —
> Leutchen, nein, ihr habet keins!

Bei Tiedge W. VIII, 131:

> Wo blüht solch ein Engel auf,
> Den ein Mutterarm umwindet?
> Sucht mir, suchet ab und auf,
> Ob ihr solch ein Kind noch findet!

Als Tiedge das umfangreiche Gedicht „Likas und Agle" dichtete, mag ihm Bürgers „Leonore" vorgeschwebt haben. Es ist hier nicht so sehr der Inhalt — denn nur die Anfangssituation ist in beiden Gedichten dieselbe, in dem weiteren Verlauf der Handlung weichen sie vollständig von einander ab — als das Versmass und einzelne kleine Züge, die uns bei dem Gedicht an Bürger erinnern. Jede Strophe der beiden Gedichte besteht aus acht Zeilen mit der Reimstellung ab ab c c d d und hat jambisches Metrum. Die stumpfreimenden Verse sind vierfüssig. Dagegen haben die klingendreimenden Verse bei Tiedge vier Füsse,

---

[1]) Hölty vergleicht in der dritten Ballade des Gedichts „Leander und Ismene" ebenfalls die Augen mit Vergissmeinnicht.

> Sein Auge, wie Vergissmeinnicht,
> Erlosch und wurde dunkel.

während sie bei Bürger nur dreifüssig sind. Also der Wechsel zwischen längeren und kürzeren Versen, der bei Bürger das Gedicht so lebendig macht, fällt bei Tiedge fort. Dennoch klingen dem Leser des Tiedgeschen Gedichts die Bürgerschen Verse immer im Ohre. Man vergleiche die Verse, die auch im Inhalt den Bürgerschen gleichen: W. II, 31:

> Er musste fort in's Niederland;
> Denn König Ludwig war entbrannt,
> Den Stolz des Kaiserthrons zu dämpfen,
> Und Oestreichs Heere zu bekämpfen.

mit den Versen der Leonore, die den Auszug Wilhelms in die Prager Schlacht schildern.

Auch das Bild aus den schönen Versen Bürgers auf August Wilhelm Schlegel:

> Junger Aar! Dein königlicher Flug
> Wird den Druck der Wolken überwinden.

kehrt in der Urania W. I, 148 wieder:

> Ringt sich (die Seele) auf vom Druck der Wolke,
> Den ihr Flügelschlag besiegt.

Am meisten geistesverwandt von den Dichtern des Hainbundes ist Tiedge mit dem frühverstorbenen Hölty. Zwei Anfänge Höltyscher Lieder kehren bei Tiedge fast wörtlich wieder. Hölty lässt sein Lied „die Aufmunterung zur Freude" mit den Worten: „Wer wollte sich mit Grillen plagen?" beginnen. Dieselbe Frage findet sich in Tiedges Gedicht W. III, 42 „der Trinker"

> Sollt' ich mich mit Grillen plagen?

Das bekannteste der Höltyschen Mailieder fängt mit den Worten an:

> Der Schnee zerrinnt,
> Der Mai beginnt.

Tiedge ändert nicht viel mehr als die Tempora und leitet sein Frühlingslied (Deutsche Monatsschrift 1794 S. 38—50) mit den Versen ein:

> Der Lenz begann,
> Der Schnee zerrann.

Doch nicht allein diese Wiederkehr Höltyscher Verse bei Tiedge, die, weil zu auffallend, wohl als Citate aus diesem Dichter angesehen werden können, zeigt uns die einander verwandten Naturen. Auch der Stoff und die Behandlung ihrer Lieder ist oft dieselbe. Bald stimmen sie heitere Trinklieder an, bald ergehen sie sich in ernsten und düsteren Betrachtungen. Die Kirchhofsstimmung, die bei Hölty so auffallend hervortritt, findet sich auch bei Tiedge wieder. Ich hebe hier die bekannte und schöne Elegie „auf dem Schlachtfeld von Kunersdorf" W. II, 103ff hervor. Wie Höltys Elegie „auf den Tod eines Landmädchens" mit den Worten schliesst:

> Und im Wipfel dieser Kirchhofslinde
> Nist' ein Turteltaubenpaar!

und die Elegie „beim Grabe meines Vaters":

> Grün' indessen, Strauch der Rosenblume,
> Deinen Purpur auf sein Grab zu streun,
> Schlummre, wie im stillen Heiligthume,
> Hingesäetes Gebein.

so weiht auch Tiedge in seiner Elegie die Stelle, wo der Frühlingssänger Ewald von Kleist gefallen ist, mit den Worten ein. W. II, 109:

> Hier, aus diesem wildernden Gesträuche,
> Wo der deutsche Mann sein Blut verlor,
> Hebe sich der Schatten einer Eiche,
> Grün' ein zartes Myrtenreis empor!
> Und im dunkelgrünen Eichenlaube
> Girre, wenn der Lenz vorüber zieht,
> Klagend eine silberweisse Taube
> Noch dem Sänger Lalage's ihr Lied!

Die Freude am Landleben, die Aufforderung das kurze Leben zu geniessen, die Genügsamkeit, die sich mit wenigem bescheidet, die Sehnsucht nach Ruhe, das sind die Gedanken, die sich wie ein roter Faden durch die Tiedgesche und Höltysche Lyrik hindurchziehen. Doch nicht sie allein sind es, die dieser Art von Poesie huldigten, sie ist das eigentliche Feld der Dichter des sogenannten Halberstadter Dichterkreises, eines Gleim und eines Göcking. Aber wer wird, wenn er zu dieser Gattung Tiedgescher Lyrik das Vorbild sucht, zu Gleim und Göcking greifen, haben sie doch alle aus der Gedankenfülle des einen antiken Dichters geschöpft. Den Einfluss, den Horaz auf Tiedge ausgeübt hat, möchte ich, wenn man von Schiller absieht, für den nachhaltigsten und massgebendsten bei ihm ansehen.

Tiedge scheint für Horaz eine besondere Vorliebe besessen zu haben, wir wissen, dass er mit einer Dame aus der Reisebegleitschaft der Elisa von der Recke täglich den Horaz gelesen hat, als er sich im Jahre 1813 auf dem böhmischen Schlosse Nachod aufhielt. Nach Partheys Urteil, dem diese Notiz entnommen ist, war Tiedge „ein recht guter Lateiner." Das Studium des Horaz veranlasste den Dichter, mehrere Oden desselben ins Deutsche zu übersetzen. Doch sind dies keine wörtlichen Übersetzungen. Tiedge kleidet sie mitunter in modernes Gewand. So benutzt er die vierzehnte Ode des zweiten Buchs, um Friedrich den Grossen, für den er fast dieselbe schwärmerische Verehrung, wie Gleim hegte, zu verherrlichen. In die Strophe:

> Compescit unda, scilicet omnibus
> Quicumque terrae munere vescimur,
> Enaviganda, sive reges
> Sive inopes erimus coloni.

hat er das Lob Friedrichs hineingewebt: Voss Musenalmanach 1791, S. 58:

> Sank Friedrich doch, aus seines Lichts
> Erhabner Sphär' hinweggerissen,
> Zum Strom, den wir beschiffen müssen,
> Wir sei'n Monarchen oder nichts!

Im ganzen mehr an das Original hält sich Tiedge in der Übersetzung der Ode „Otium divos." Doch nimmt es sich sonderbar aus, wenn er die Strophe:

> Te greges centum Siculaeque circum
> Mugiunt vaccae, tibi tollit hinnitum
> Apta quadrigis equa, te bis Afro
>   Murice tinctae
> Vestiunt lanae: mihi parva rura

anfangs frei, doch nicht ungeschickt wiedergibt;

> Wiehernd fliegt mit dir dein Ross zum Haine,
> Den der Jubel deiner Jagd durchschwirrt,
> Wenn dein Freund auf dem gewohnten Raine,
> Einsam um den Mühlenhügel irrt.
>
> Dich empfangen feierliche Reihen
> Aus den Schöpferhänden des Geschmacks;
> Mich der Wald:

um dann zu enden:

> da kennen schon die Maien
> Alle Mängel meines alten Fracks.

Ist das Ungeschick oder ein Aprosdoketon wie Heine es liebt? Gut gelungen ist Tiedgen die freie Übertragung der dritten Ode des vierten Buches, die er in sinniger Weise als Geburtstagsgedicht für Gleim verwandte.

Ein anderes auch für Gleims Geburtstag bestimmtes Gedicht[1]) besingt einen von Gleim gepflanzten Baum und spielt hierbei auf das Missgeschick an, das einst Horaz mit einem Baum begegnet ist. In der zweiten Strophe heisst es:

> Darum schattest du auch grüner
> Als der Baum, der einst den Tod
> Dem geliebten Venusiner
> Auf der Tiberflur gedroht.

---

[1]) Mitgeteilt nach einer im Gleimarchiv zu Halberstadt aufbewahrten Abschrift.

> Darum hast du auch, vor allen
> Deinen Brüdern in dem Hain,
> Deinem Sänger wohlgefallen,
> Dass dich seine Lieder weihn!
>
> Da, wo er in deiner Kühle
> Seine hohe Laute schlug,
> Reifen dichtrische Gefühle
> Wie sie Flakkus Busen trug;
> Da, du heiligster der Bäume,
> Schleichen um die Lagerstatt
> Eines Dichters Götterträume,
> Wie sie nur ein Dichter hat.

Und war Horaz nahe daran gewesen, durch den Sturz des Baumes sein Leben zu verlieren und die Schrecken der Unterwelt zu sehen, so macht Tiedge, da er dies unmöglich seinem Freunde zum Geburtstag wünschen konnte, aus der Unterwelt himmlische Fluren, in die man durch den Zauber des von Gleim gepflanzten Baumes versetzt wird. Opitz, Kleist, Gessner, Bodmer und andere Dichter ziehen da vor dem Träumenden vorüber. Die Verse:

> . . . . ich sahe
> Tief ins Land der Wonn' hinein;
> Sah den grössten König — Thaten,
> Welche durch Elisium,
> Ihren Schimmer warfen, traten
> Palmenreich um ihn herum.

verherrlichen wieder Friedrich den Zweiten und lehnen sich, wie auch Tiedge unter dem Text angibt, an das „Quam paene . . . . vidimus" des Horaz in der dreizehnten Ode des zweiten Buchs an. Ebenso gibt Tiedge bei den Versen in dem Brief an M Deutsches Museum II 1783 S. 533—545:

> Wo wir den verweilenden
> Tag oft beim bescheidenen
> Becher mit den reineren
> Lebensfreuden flügelten[1].

---

[1] Sonst gleichen diese Verse der Höltyschen Strophe in dem Gedicht „Der rechte Gebrauch des Lebens"

> Ein froher Abend, welchen der heitre Scherz
> Der Freundschaft flügelt, oder das Deckelglas;
> Ein Kuss auf deines Mädchens Wangen
> Oder auf ihren gehobnen Busen.

Auch folgende Stelle aus Höltys Gedicht „Die Liebe" gehört hierher:

> Kuss und Flüstern und Lächeln
> Flügelt Stunden an Stunden fort!

das Horazische „cum quo morantem saepe diem mero fregi" II, 7 als sein Vorbild an. Doch nicht auf diese von Tiedge selbst zugegebenen Stellen beschränkt sich die Abhängigkeit von dem römischen Dichter. Das Gedicht „an Klamer Schmidt" VII, 161, wo sich kein Hinweis auf Horaz findet — ist dem Inhalt nach ganz der sechsten Ode des zweiten Buchs nachgebildet. Ich stelle die sich entsprechenden Strophen gegenüber.

    Septimi Gadis aditure mecum et
    Cantabrum indoctum juga ferre nostra et
    Barbaras Syrtis, ubi Maura semper
        Aestuat unda:

    Der du mit mir in jene Stürme zögest,
    Wo trunkner Dünkel rast und Heldentollheit würgt;
    Der du mit mir den Ozean durchflögest,
    Hin in das Land, das sich im Kokusschatten birgt:

    Tibur Argeo positum colono
    Sit meae sedes utinam senectae,
    Sit modus lasso maris et viarum
        Militiaeque.

    O, fänd' ich hier, der ich so wenig bitte,
    Mein Schmidt, o fänd ich hier, des langen Irrens satt,
    In Emma's Thal die sichre, stille Hütte!
    Mein Alter nähm' in ihr gern seine Ruhestatt.

    Unde si parcae prohibent iniquae,
    Dulce pellitis ovibus Galaesi
    Flumen et regnata petam Laconi
        Rura Phalantho:

    Verweigert diess des Schicksals harter Wille:
    Wohlan! so zieh' ich hin zum Lande Wilhelm Tells.
    Und baue dort die Hütte meiner Stille,
    Fern vom Gewühl, und dicht am Leben eines Quells.

    Ille terrarum mihi praeter omnis
    Angulus ridet, ubi non Hymetto
    Mella decedunt, viridique certat
        Baca Venafro.

    Lass immerhin dem Britten seinen Dünkel,
    Iberien sein Gold, und seinen Wein Tokai!
    Ich lobe mir den kleinsten Alpenwinkel,
    Der einen Hirten nährt und seine Schäferei.

> Ver ubi longum tepidasque praebet,
> Juppiter brumas et amicus Aulon
> Fertili Baccho minimum Falernis
> > Invidet uvis:
> Der Lenz ist schön, der dort die Wiesen kleidet,
> Und vor dem Sirius umschirmt ein Buchenzelt;
> Mild ist der Herbst, der nicht das Fest beneidet,
> Das, für des Priesters Gaum, der Winzer Hochheims hält.
>
> Ille te mecum locus et beatae
> Postulant arces, ibi tu calentem
> Debita sparges lacrima favillam
> > Vatis amici.
> Du folgest mir zu meinem Alpenthale;
> Und wenn mein Geist dereinst sein Staubkleid fallen lässt:
> Du netzest dann, beim stillen Todtenmale,
> Mit einer Thräne, Freund, des Freundes Aschenrest.

In dieser Übersetzung hat Tiedge alles modernisiert. Aus Septimius ist Klamer Schmidt geworden. Wie Horaz „Tarent" durch „Rura Phalanto" umschreibt, so nennt Tiedge die Schweiz „das Land Wilhelm Tells." Selbst die „parcae iniquae" werden nicht herübergenommen, sondern durch des „Schicksals harten Willen" wiedergegeben.

Nicht immer hat Tiedge so sorgsam die Anspielungen, die nur dem Römer des Augusteischen Zeitalters bekannt sein konnten, gemieden.

In der Skolie (nur in der Ausgabe der Werke von 1823 IV, 57 ff abgedruckt):

> Pflanzt die Gläser auf den Tisch,
> Trinkt die schwarzen Sorgen nieder,

die das Horazische „nunc vino pellite curas" übersetzt, fordert Tiedge zum Trinken und Frohsinn auf, und sich nicht der Stunde schönes Gut durch Sorgen um die Geten und Scythen verkümmern zu lassen.

Ebenso in dem Liede „mein Element" (nach der noch ungedruckten Abschrift des Halberstadter Gleimarchivs):

> Die Freud' ist nur mein Element!
> Was kümmern mich die Skyten.

An Stelle dieser von dem römischen Volk im Zeitalter des Augustus so gefürchteten Feinde, die für den Leser des achtzehnten Jahrhunderts unverständlich bleiben mussten, treten zeitgemässe Anspielungen ein. So in der fünften Strophe desselben Liedes:

> Was Russens Katharine sich
> Für eine Nachwelt bauet,
> Ist ihre Sorge, wenn nur mich
> Nicht vor dem Tode grauet.

Nachgebildet sind diese Verse der 26. Ode des ersten Buches:

> quis sub arcto
> Rex gelidae metuatur orae,
> Quid Tiridaten terreat unice
> Securus.

Das Gedicht an Herrn von Knesebeck im Juli 1795 (Nachlass I, 246 abgedruckt, doch zuerst in Beckers Erholungen 1796 Bd. 3, S. 163) erinnert an mehreren Stellen an Gaudenz von Salis-Seewis. Doch ist es nicht schwer, das Vorbild von beiden in Horaz wieder zu erkennen. Dass Salis' „letzter Wunsch" auf Horaz zurückgeht, ist längt erkannt worden. Ebenso verhält es sich mit Tiedge. Um dies zu beweisen genügt eine Gegenüberstellung der Horazischen und Tiedgeschen Verse.

Horaz Satire II, 6, V. 1:

> Hoc erat in votis.

Tiedge Nachlass I, 247:

> Letzte selige Gewährung
> Meiner Wünsche!

Horaz V. 3ff:

> Auctius atque
> Di melius fecere. Bene est. Nil amplius oro,
> Maia nate, nisi ut propria haec mihi munera faxis.
> Si neque maiorem feci ratione mala rem,
> Nec sum facturus vitio culpave minorem;

Tiedge S. 251:

> So verschloss ich allen Grillen
> Und mit ihnen auch dem Schmerz
> Allen Zugang in mein Herz,
> Lebe frei, und such' im Stillen
> Zwar nichts Neues aufzubaun,
> Minder noch mich zu vergrössern;
> Meine Sorg' ist nur: zu bessern
> Den vorhandnen kleinen Zaun;
> Meiner Pflanzungen zu warten,
> Und im kleinsten Lebensgarten
> Mit bescheidnem Selbstvertraun
> Mich von neuem anzupflanzen.

Niemals möchte Horaz dahin kommen, auszurufen: V. 8f:

> O si angulus ille
> Proximus accedat, qui nunc denormat agellum.
> Weiter streb' ich nun nicht vor!
> Hier im Thale bleib' ich stehen,
> Welches ich vor allen Höhen
> Mir zur Ruhestatt erkor!

ist Tiedges Vorsatz.

Dass bei den Versen S. 252:

> Keine schimmernde Konsole
> Zeigt Dir meine schlichte Wand;
> Um den niedern Deckenrand
> Läuft das mit der Lenzviole
> Leicht durchwirkte Blumenband.

und S. 253:

> So entstrahlt auch meiner Wand
> Keine hohe Spiegelscheibe,
> Von Venedig hergesandt;
> Und kein weit entferntes Land
> Lieferte zu meinen Tischen,
> Meinen Stühlen theures Holz,
> Um in des Besitzers Stolz
> Eine fremde Welt zu mischen.

Horazens (II, 18)

> Non ebur neque aureum
> Mea renidet in domo lacunar,
> Non trabes Hymettiae
> Premunt columnas ultima recisas
>
> Africa; neque Attali
> Ignotus heres regiam occupavi,

Vorbild gewesen ist, leuchtet ein. Preist doch diese Ode des zweiten Buchs ebenso wie die erwähnte Satire die Genügsamkeit, die in ländlicher Zurückgezogenheit ihre Befriedigung findet. Der neunten Ode des ersten Buchs hat Tiedge geschickt einige Motive entlehnt. Der Anfang des Horazischen Gedichts zeigt uns den schneebedeckten Soracte. Tiedge nimmt dafür den ihm zunächst gelegenen Berg und beginnt sein Gedicht (nach der noch ungedruckten Fassung im Halberstadter Gleimarchiv, vgl. jedoch III, 8) mit den Worten:

> Lasst immer am Brocken,
> Die Regenfluth ziehn.

und, wie Horaz den Rat erteilt, für Wein und Feuer zu sorgen, um den Wintertag angenehm und behaglich zu machen, so fordert auch er auf:

> Herein in das Stübchen,
> Das Stübchen ist warm;
> Eilt! jeder sein Liebchen,
> Die Flasch in dem Arm.
> Wie kalt es auch schlackre,
> Wir singen entglüht,
> Es lebe der Wackre,
> Der Reben erzieht

Beide Dichter denken nur an das Nächstliegende, die Gegenwart zu geniessen. Und wie Horaz so oft mahnt, sich einer drohenden Kriegsgefahr wegen nicht die Stimmung zu verderben, so ist auch Tiedge gleichgültig gegen die kriegerischen Ereignisse, die sich in Frankreich abspielen:

> Und lasset den Leser
> Der Zeitung am Rhein,
> Die tobenden Franken
> An Weinvollen Höhn
> Um Freiheit sich zanken
> Und Morden zu sehn.

Horaz erteilt in dieser Ode nur die unbestimmte Regel, sich nicht um die Zukunft zu kümmern. Auch das findet sich bei Tiedge häufig. Das „Quem fors dierum cumque dabit, lucro Adpone" gibt Tiedge W. III, 41 wieder durch: „Nehmt an, was das Leben euch bietet." Auch das „Quid sit futurum cras, fuge quaerere" der vorhergehenden Zeile des Horaz kehrt in dem Trinklied Tiedges W. III, 46 wieder:

> Forscht nicht ungeduldig,
> Was die Zukunft beut:
> Nichts ist sie uns schuldig,
> Als ein blosses Heut'

In den letzten beiden Versen klingt das „carpe diem" der elften Ode des ersten Buches hindurch. Dieser Lieblingsgedanke des Horaz wird auch von Tiedge noch mehrmals variiert. Zum Beleg mögen noch einige Stellen dienen: W. III, 40 f:

> Wer mit allem Thun und Sinnen
> Immer in die Zukunft starrt,
> Wird die Zukunft nicht gewinnen,
> Und verliert die Gegenwart.

W. IV, 59 (Ausgabe von 1823):

> Klingt die Gläser an! wer weiss,
> Ob wir bald uns wieder freuen?

W. VIII, 96:

> Nehmt die Freudenschaale,
> Eh' die Sonne sinkt,
> Die zum Lebensmahle
> Frohe Gäste winkt!

Deutlicher auf den Tod, wie es ja Horaz auch liebt, wird in der letzten Strophe dieses Gedichts mit den Versen:

> Auch die Blüten fallen!
> Eine Hore bringt
> Alles zu den Hallen,
> Wo kein Lied erklingt.

angespielt. Ebenso in folgendem noch ungedruckten Gedicht (vgl. jedoch Deutsches Museum 1784 I, 106 „Einladung an B"):

> Heute lasst uns fröhlig seyn
> Mit den Frühlingssängern,
> Lasst bis in die Nacht hinein
> Uns den Tag verlängern
> Keine Blume blüht uns mehr
> In dem Todesthale.

Stellen wie „Quis scit an adiciant hodiernae crastina summae Tempora di superi?" IV, 7 oder „Et domus exilis Plutonia; quo simul mearis, Nec renga vini sortieri talis" I, 4 mögen zu den angeführten Versen als Vorbild gedient haben. Der Anfang der Mausoleen W. II, 114:

> Auch Gebietern drohet ein Gebieter;
> Über der Natur steht hoch sein Thron;
> Ihm gehorchen muss der Schlachtenwüther,
> Ihm der Bettler wie der Fürstensohn.

kann auch durch das Horazische (III, 1):

> Regum timendorum in proprios greges,
> Reges in ipsos imperium est Iovis.

angeregt sein, zumal Horaz auch nachher von der „Necessitas" spricht, die „aequa lege" „insignes et imos" erlost. Der „Bettler wie der Fürstensohn" erinnert an das bekannte:

> Divesne, prisco natus ab Inacho
> Nil interest an pauper et infima
> De gente sub'divo moreris,
> Victima nil miserantis Orci.
> Ode II, 3.

Zu der Ode I, 26:

> Musis amicus tristitiam et metus
> Tradam protervis in mare Creticum
> Portare ventis.

führt Nauck in seiner Horazausgabe (12. Auflage 1885 S. 62) aus Heines „Buch der Lieder" folgende Verse als Parallele an:

> Ich wollt', meine Schmerzen ergössen
> Sich all' in ein einziges Wort,
> Das gäb' ich den lustigen Winden,
> Die trügen es lustig fort.

Mehr noch gehören Tiedges Verse aus dem Gedicht „der Trinker" W. III, 42 hierher:

> Dass der Frohsinn frei mich finde,
> Tragt an einen wüsten Ort,
> Tragt, ihr ausgelassenen Winde,
> Meine Sorgen mit euch fort!

Das Horazische Wort in der ersten Epistel des ersten Buchs V, 19:

> Et mihi res, non me rebus subiungere conor.

übersetzt Tiedge in den Episteln 1796 S. 271 folgendermassen:

> Nur lass von den Dingen dich nicht tragen,
> Trag' du sie mit festem Heldenmuth!

Das bekannte „Quidquid delirant, reges plectuntur Achivi." aus der zweiten Epistel des ersten Buchs V, 14 hat Tiedge, wie schon Brunier a. a. O. S. 190 treffend bemerkt hat, den Versen VIII, 3 ff in dem Gedicht „Sehnsucht nach dem Frieden" zu Grunde gelegt. Ebenso gehören hierher die Verse aus den „Wanderungen durch den Markt des Lebens" X, 167:

> Da lassen sie dann, pflegend ihrer Ruh',
> Für ihre Zwiste sich die armen Völker schlagen,
> Und schaun behaglich aus den Tagen
> Voll Herrlichkeit, von fern dem Blutvergiessen zu.

Doch man braucht nicht weiter nach wörtlichen Übereinstimmungen zwischen Horaz und Tiedge zu suchen, auch wo keine wörtlichen Anlehnungen festgestellt werden können, ist doch oft in Ton und Haltung der Lieder ein Einfluss Horazens nicht abzuweisen. Die leichten, tändelnden Lieder, die leider, obgleich dem Dichter recht gut gelungen, nur unvollständig in seine gesammelten Werke übergegangen sind — sie verraten alle den Geist des grossen römischen Lyrikers, dessen Gedankenkreis Tiedgen ebenso lebendig war wie der Schillers.

Es bleibt jetzt noch übrig, die Dichter zu erwähnen, von denen sich nur vereinzelte Anklänge bei Tiedge finden, wo man von einem nachhaltigen Einfluss nicht sprechen kann. Zunächst ist da Goethes zu gedenken. Mehrfache Reminiscenzen an ihn bieten uns Tiedges Gedichte. Mit der ersten Begegnung von Faust und Gretchen vergleiche man folgende Stelle aus Tiedges Liedercyklus „Ännchen und Robert", die nur als Nachahmung der bekannten Goethischen Verse gelten kann.

W. IV, 136: Ännchen und ein Fremder.
Der Fremde:

> Liebes, holdes, süsses Mädchen,
> Eine Göttin bist du mir!
> Dir ergeben,
> Hängt mein Leben
> Einzig und allein an dir.

Ännchen:

> Schlechthin Anna ist mein Name,
> Eine Göttin kenn' ich nicht,
> Bin auch keine grosse Dame;
> Bin nur eine Schäferin.

Die Worte aus Gretchens Gebet vor der Mutter Gottes tönen bei Tiedge nach in dem Gedicht „Dein Wille geschehe" W. VIII, 64:

> Auch er, der tief
> Die Wuth der Schmerzen fühlte,
> Die sein Gebein durchwühlte.

Die Lehre Heraklits haben beide Dichter poetisch wiedergegeben. Goethe in seinem Gedicht „Dauer im Wechsel"

> Ach, und in demselben Flusse
> Schwimmst du nicht zum zweiten Mal.

und Tiedge in dem Grablied, das er zu Nicolais Totenfeier, in der Singakademie 22. Januar 1811, gedichtet hat (zuerst in der Neuen Berliner Monatsschrift 1811 S. 63 abgedruckt) W. VII, 88:

> Vorüber fliegt des Baches Welle;
> Zweimal berührt sie keine Hand;
> Wir wandern zu der Uferstelle,
> Wo sie aus unserm Blick verschwand.

Bei den Versen im fünften Gesang der Urania W. I, 133:

> Das Schicksal waltet im Naturgebiete,
> Und die Natur geht schweigend ihren Pfad,
> Nährt hier ein Giftgewächs und eine Frevelthat.
> . . . .
> Die Wolke forscht nicht, ob die Unschuld unten wandelt:
> Sie schüttet ihren Blitz herab.

wird man an Goethes Gedicht „das Göttliche" erinnert:

> Denn unfühlend
> Ist die Natur:
> Es leuchtet die Sonne
> Über Bös' und Gute,
> Und dem Verbrecher
> Glänzen, wie dem Besten,
> Der Mond und die Sterne.
>
> Wind und Ströme,
> Donner und Hagel
> Rauschen ihren Weg
> Und ergreifen,
> Vorübereilend
> Einen um den andern.

Doch können Tiedges Verse auch auf jene bekannte Stelle der Bergpredigt zurückgehen. Aber bei einem andern Bild aus der Urania W. I, 59:

> Der hohe Mensch, der dasteht, und den Lauf
> Der Wesenflut umforscht, ist selbst nur eine Welle,
> Die, nichtig selbst, aus dieser Flut entquoll,
> Und wegsinkt, wenn in ihre Stelle
> Die nächste Wallung folgen soll.

geht man, glaube ich, nicht fehl, wenn man folgende Verse aus dem Goethischen Gedicht „die Grenzen der Menschheit" als Vorbild Tiedges aufstellt:

> Was unterscheidet
> Götter von Menschen?
> Dass viele Wellen
> Vor jenen wandeln,
> Ein ewiger Strom:
> Uns hebt die Welle,
> Verschlingt die Welle,
> Und wir versinken.

Clavigos Worte I, 1 (Hempel VI, 130) „Man lebt nur einmal in der Welt" finden sich in Tiedges Gesellschaftslied W. III, 41 neben den schon oben citierten Worten des Horaz:

> Nehmt an, was das Leben euch bietet,
> Und lebet der Freude! Man lebt nur einmal.

Die Worte, welche Alba im vierten Akt zu Egmont sagt (Hempel VII. 71): „Freiheit! Ein schönes Wort, wer's recht verstände. Was wollen sie für Freiheit. Was ist des Freiesten Freiheit? — Recht zu thun" hat Tiedge im sechsten Gesang der Urania in Verse gebracht. W. I, 173:

> Lass immerhin die Grübler streiten!
> Wer recht thut, der ist frei, um, zwischen Schmerz und Lust,
> Zur Freiheit kämpfend fort zu schreiten.
> Diess zeugt das Hochgefühl in jeder Menschen Brust;
> Und dieses nur bedarf der Pflege,
> Nicht jener Trieb, der sucht, was die Natur verheisst.

Bei folgenden Versen aus dem vierten Gesang der Urania W. I, 106:

> Das Heiligthum des kühnen Säulenganges
> Umwuchert längst entweihendes Gesträuch;
> . . . .
> So sinkt dahin, was hohe Kunst gestaltet! —
> Doch dauernd ist, was innen waltet:
> Unsterblich ist der Genius!

ist wohl Goethes „Wandrer" nicht ohne Einfluss gewesen:

> Epheu hat deine schlanke
> Götterbildung umkleidet.
> Wie du emporstrebst
> Aus dem Schutte,
> Säulenpaar!

und:
> Glühend webst du
> Über deinem Grabe,
> Genius! über dir
> Ist zusammengestürzt
> Dein Meisterstück,
> O du Unsterblicher!

Lessings bekannte Worte aus der Duplik, die er zur Verteidigung des Philosophen Reimarus schrieb: Lachmann Bd. 10, S. 49: „Nicht die Wahrheit, in deren Besitz irgend ein Mensch ist oder zu sein vermeint, sondern die aufrichtige Mühe, die er angewandt hat, hinter die Wahrheit zu kommen, macht den Wert des Menschen. Denn nicht nur durch den Besitz, sondern durch die Nachforschung der Wahrheit erweitern sich seine Kräfte, worin allein seine immer wachsende Vollkommenheit bestehet. Der Besitz macht ruhig, träge, stolz" sprechen deutlich aus folgenden Versen der Urania W. I, 26:

> Dank der verborgnen Hand, der unsre Tag' entquillen,
> Dass sie das Licht von fern uns ahnen liess.
> Nicht der Besitz, nur das Enthüllen,
> Das leise Finden nur ist süss.

Usteris weit verbreiteter Rundgesang:

> Freut Euch des Lebens,
> Weil noch das Lämpchen glüht,
> Pflücket die Rose,
> Eh sie verblüht!

der 1793 gedichtet ist und im Göttinger Musenalmanach von 1796 erschien, hat Tiedge in einem bis jetzt ungedruckten Gedicht (eine Abschrift befindet sich im Halberstadter Gleimarchiv) nachgebildet:

> Säumet nicht, beym frohen Schmaus
> Freuden aufzulesen;
> Bläst der Wind das Lämpchen aus,
> Dann sind wir gewesen!

Folgende Verse aus dem Gedicht „Sehnsucht nach dem Frieden" W. VIII, 5:

> Dort aus Gesträuch empor,
> Vom Nachtwind kalt umschauert,
> Ragt noch ein Säulenthor
> Versunkner Pracht und trauert.

mahnen an Uhlands „Sängers Fluch", dessen Entstehung in das Jahr 1814 fällt.

> Noch eine hohe Säule
> Zeugt von verschwundner Pracht.
> Auch diese, schon geborsten,
> Kann stürzen über Nacht.

In der ersten Fassung des Tiedgeschen Gedichts, die spätestens dem Jahre 1796 (vgl. unten S. 76) angehört, finden sich jene Verse noch nicht.

Arndts „Feuerlied", das 1817 gedichtet ist, schliesst mit den Worten:

> Die Lust der Lieder und der Waffen,
> Die Lust der Liebe schenkt mir ein,
> Der Trauben süsses Sonnenblut,
> Das Wunder glaubt und Wunder thut.

Die letzten Worte, aber auch nur die Worte — der Sinn ist ein ganz anderer, finden sich in Tiedges Gedicht „Wanderungen durch den Markt des Lebens", das 1829 in dem Taschenbuch „Minerva" erschien, wieder X, 73:

> Wie in einem Wiederscheine
> Strahlt' in dem Gesang der Muth
> Seines Helden, der an keine
> Wunder glaubt, und Wunder thut;

Durch das Enjambement, dessen sich Tiedge hier schuldig macht, und das den negativen Sinn der Worte mehr verdunkelt, wird man zu einer Vergleichung mit Arndt aufgefordert.

V.

Wiederholungen bei Tiedge.

Zeigt sich in diesen so mannigfaltigen Einflüssen, denen Tiedge unterlegen gewesen ist, und die zum Teil ja auch nachhaltig waren, die ganze Gedankenarmut des Dichters, so tritt dieselbe fast ebenso hervor in den zahlreichen Wiederholungen von Gedanken und oft ganzen Versen, in denen Tiedge sich in seinen Werken gefällt. Die berühmten schon oben citierten Worte aus dem vierten Gesang der Urania W. I, 95

> Sey hoch beseligt oder leide;
> Das Herz bedarf ein zweites Herz,
> Getheilte Freud' ist ganze Freude,
> Getheilter Schmerz ist halber Schmerz.

finden sich bereits in etwas anderer Fassung in dem Gedicht „an Lina" im März 1794. Voss Musenalmanach 1795 S. 87:

> Getheilte Freuden
> Sind doppelt süss.
> Getheilter Kummer
> Ist halber Schmerz.

und in dem Gesellschaftslied W. III, 41:

> Seines Heiles Überfluss
> Einem Freunde aufzuschliessen,
> Ist ein doppelter Genuss.

Die Verse aus Tiedges Gedicht „an die Ruhe" Episteln S. 14:

> Dem frohen Argwohnlosen
> Sang jede Nachtigall.
> Mir blühten überall
> Die Tage voller Rosen.
> Ich sang dem Wiederhall
> Ein Herz voll Freud' und Friede,
> Voll Licht, wie die Natur;
> Und streifte mit dem Liede
> Der Lerche durch die Flur.

verglichen wir oben mit Schillers Idealen. Tiedge selber bietet uns in seinem Gedicht „die Nachtfeier" W. VII, 7 dazu eine Parallele:

> Als noch dem Argwohnlosen
> Die eigne Welt umfing,
> Und voll Gesang und Rosen
> Sein Jugendmorgen hing!
> Ich schweifte mit dem Liede
> Des Frühlings durch die Flur;
> Der Anblick der Natur
> War Fülle, Lieb' und Friede!

Ferner in folgenden Versen aus „der Erinnerung" W. VIII, 151:

> Das war die Zeit, die noch den Argwohnlosen
> Durch schöne Fernen täuschen darf,
> Die goldne Zeit, die mir auch ihre Rosen
> In's junge Grün der Hoffnung warf.

die aber nur als Wiederholung gelten können aus der Epistel an A. (abgedruckt in Beckers Erholungen 1796 Bd. 1) S. 240:

> Einst blüht' auch mir, dem Argwohnlosen,
> Die Zeit, die uns noch täuschen darf,
> Als mir die Lust noch ihre Rosen
> Ins junge Grün der Hoffnung warf.

Die Verse in dem Gedicht „an Herrn Hofrat Gleim" Eilenstedt den 30. März 1788, Halberstädter Gemeinnützige Blätter 1787, III, 2, S. 393:

> Mit meiner Leier in der Hand
> Geh ich ins Heiligtum der Freude,
> Worin kein König leicht noch einen König fand.

kehren mit geringen Änderungen in dem Gedicht „die Freude" III, 1, wieder:

> Mit meiner Cither in der Hand,
> Begrüss' ich das Gebiet der Freude,
> Wohin den Weg kein König fand.

Das Gedicht „an die trauernde Marie" W. VIII, 16 stimmt in seinem ersten Teil vollständig überein mit dem im Nachlass III, 1 abgedruckten Gedicht „der Glaube", während es in seinem letzten Teil sich eng an das Gedicht „die Trauernde" Episteln Göttingen S. 271 anlehnt. Auch der „Glaube" stimmt in einigen Versen mit diesem Gedicht überein.

Das Gedicht „Sehnsucht nach dem Frieden" W. VIII, 1 entlehnt so viele Verse der Epistel an Gleim, Episteln S. 222, dass man wohl besser daran thut, eine Überarbeitung anzunehmen, obgleich Tiedge letztere schon einmal umgearbeitet hat, wie die von ihm herrührende im Halberstadter Gleimarchiv befindliche Handschrift bezeugt. Ebenso verhält es sich mit dem „Frauenspiegel" W. V, 1, der ganze Partieen aus „der Eitelkeit", die 1792 als Einzeldruck erschien, herübernimmt. Auch das Gedicht „an Lina", Beckers Erholungen Bd. 1, S. 50, hat ganze Reihen von Versen zum Frauenspiegel geliefert.

In die Wanderungen durch den Markt des Lebens W. X, 150 hat Tiedge ein Gedicht aufgenommen, das schon vorher mit ganz geringen Änderungen in der Ausgabe der Werke von 1823 IV, 191 unter dem Titel „Fragment" erschienen war. In das Album deutscher Schriftsteller zur vierten Säkularfeier der Buchdruckerkunst schrieb er ein Gedicht, „Gedankenfreiheit" betitelt, Nachlass III, 144, das aber nur eine Strophe aus dem grösseren Gedicht „Vernunft" W. VII, 92 ist.

Zweimal citiert sich Tiedge in seinen Werken selber. In dem umfangreichen Gedicht „Wanderungen durch den Markt des Lebens" leitet der Dichter die Erzählung einer Fabel mit den Worten ein: X, 193:

> . . . . allein
> Mein altes Fabelbuch erzählet.

und nun folgt mit ganz geringen Änderungen die Fabel „das Vorrecht", die bereits W. III, 68 abgedruckt ist.

Das andere Selbstcitat steht ebenfalls in den „Wanderungen." Auch hier wieder eine irreführende Einleitung IX, 11:

> Ein Autor — welcher? weiss ich nicht,
> Recht aber hat er, wenn er spricht:

> Die beiden Theile beten!
> In welches Waffenfeld
> Wird nun die Gottheit treten?
> Gott lässt die Narren beten,
> Und führet seine Welt.

Dieser Autor ist Tiedge selber. In dem Gedicht an „Klamer Schmidt" VII, 122 stehen genau dieselben Verse. Ein Gedanke ist hier zum Ausdruck gebracht, den Tiedge mit besonderer Vorliebe und mit beredten Worten in seinen Werken ausgeführt hat. Wie die Religionskriege eine Verirrung des Christentums sind, so ist es auch durchaus unchristlich, Gott den Vater aller Menschen, zu dem Sieger wie Besiegte beten, um Sieg für ein Volk, das sich im Rechte dünkt, anzuflehen. Sechs Stellen: Episteln S. 234; VIII, 7; VII, 122; IX, 10; IX, 11; IX, 54, von denen je zwei wörtlich übereinstimmen, drücken diese kirchenfeindliche Gesinnung aus.

Der Jahrgang 1800 des Vossischen Musenalmanachs bringt ein Gedicht von Tiedge „meine Gegend" betitelt. Dieselbe Überschrift führt auch ein im Beckerschen Taschenbuch von 1800 erschienenes Gedicht Tiedges. Da ist es nun nicht zu verwundern, dass Tiedge, wenn er über denselben Gegenstand in zwei Gedichten handelt, sich in Form und Gedanken wiederholt. So lautet die zweite Strophe im Beckerschen Taschenbuch und W. VIII, 92:

> Um die Hütte legt' ich dann
> Schirmende Platanenkronen
> Und ein Pappelwäldchen an.

und im Vossischen Musenalmanach:

> Um das Hüttchen legt ich dann
> Ein umschirmendes Getriebe
> Junger Epheuranken an.

Dieselben Bilder und Wendungen kehren auch häufig bei Tiedge wieder. In dem Gedicht „Duldung" W. III, 52 sagt der Dichter von der Tugend:

> . . . . . . sie trug diess Leben ganz allein.
> Es fodert Göttermuth, diess Leben zu bewohnen,
> Und keinen Himmel anzuschrein.

und in der Urania W. I, 148 nennt er den einen Gott, „der kühn es wagt, keinen Himmel anzuschrein."

Doch weit auffallender als diese Wiederholungen, die sich leicht vermehren liessen und die bei jedem Dichter zu finden sind, ist die ewige Wiederkehr des einen Reimes Himmel — Getümmel, der sich nicht weniger als 42 mal belegen lässt und zwar immer denselben Gedanken ausdrückend, nämlich den Gegensatz zwischen dem unruhigen und hastigen Leben der Menschen auf Erden und der ewigen und ruhigen Klarheit des Himmels. Nur die Form ändert sich, und der Reim wird reiner, der Gedanke bleibt derselbe, wenn an Stelle des Getümmels „Gewimmel" tritt, das sich 14 mal in Tiedges Werken findet. Ein nicht minder beliebter Reim, ebenfalls diesem Gedankenkreis entnommen, ist der von Mängel — Engel.

Auch die noch ungedruckten Lieder aus dem Gleimarchiv zu Halberstadt, die vollkommen abgeschlossen in Form und Inhalt zu dem besten gehören, was Tiedge gedichtet hat, müssen hier herangezogen werden, denn sie liefern uns ebenfalls den Beweis, wie gern Tiedge beim Dichten auf seine alten Lieder zurückgriff. Eins der ungedruckten Lieder beginnt mit den Worten:

> Lasst immer am Brocken,
> Die Regenfluth ziehn,
> Bekränzet die Locken,
> Die Myrth' ist noch grün.

Die Skolie W. III, 8 setzt ebenso ein, nur sind die Sätze umgestellt:

> Bekränzt die Locken!
> Die Myrt' ist noch grün.
> Lasst immer am Brocken
> Die Regenfluth ziehn!

Man darf hier nicht glauben, dass in den Werken eine Umarbeitung des ungedruckten Liedes vorliege, oder umgekehrt. Das ist auf das bestimmteste zurückzuweisen, denn die Ähnlichkeit beschränkt sich nur auf diese Verse, sonst weichen die Gedichte vollkommen von einander ab. In der Ausgabe seiner Werke von 1823 und in der Sammlung der Elegieen und vermischten Gedichte von 1807 und 1814 nannte Tiedge ein anderes Gedicht „Skolie", das wiederum in zwei Strophen mit einem ungedruckten Lied übereinstimmt. Das Lied in den Werken macht nicht den Eindruck der Überarbeitung, beide Lieder lassen sich durchaus als selbständige fassen, zumal in dem ungedruckten, ähnlich wie in Schillers „Lied an die Freude", am Schlusse jeder Strophe der Chor einfällt, also auch ein formeller Unterschied besteht. Der Jahrgang 1784 des deutschen Museums I, 106 ff enthält ein langes Gedicht von Tiedge „Einladung an B." überschrieben. Manche Stellen desselben sind dem Dichter recht gut gelungen. Aber auch Tiedge mochte wohl den Eindruck haben, dass das Gedicht durch seine Länge ermüdend wirkt und so greift er denn zwei Gedankenreihen, die in dem Gedicht S. 106 u. 108 vereinzelt stehen, heraus, versieht sie mit neuen Anfangs- und Schlussversen und gewinnt so ein kleineres wirkungsvolleres Gedicht.

Aber nicht nur diese wörtlichen Wiederholungen, auch die öfteren Umarbeitungen, die Tiedge mit seinen Gedichten vorgenommen hat, und die so gründlich ausfielen, dass er selbst in seiner Vorrede zu der Ausgabe der Episteln, Göttingen 1796 S. V, sagen konnte: Die Gedichte, die schon früher von ihm in Zeitschriften erschienen wären, seien dem Publikum nur der Hauptidee nach bekannt, denn mehr als diese habe die Umarbeitung nicht verschont, zeigen uns, dass Tiedge ein Dichter war, dem jede schöpferische Genialität abging. Nur zu oft versiegte der Quell der Dichtung in ihm; und statt beim Dichten neuer Lieder einer neuen Eingebung zu folgen, musste er sich mühsam die Brocken aus alten Liedern zusammensuchen. Mit Recht betont daher Friedrich Cramer in seiner oben S. 6 erwähnten anonym erschienenen Recension, dass es für einen wahrhaft grossen Dichter ein unmögliches Problem sei und keinen grossen Künstler verrate, aus drei Episteln eine zu machen und in ein Gedicht von zwanzig Strophen noch zwanzig einzuschieben, wie es Tiedge gethan hat.

Was bei Tiedge besonders auffällt, ist, dass er in seiner Entwickelung vollkommen stehen geblieben ist: die Dichtungen, mit denen er zuerst hervorgetreten ist, sie zeigen denselben Charakter, wie die seines späteren Alters. Schon 1806, als er noch ein langes Leben vor sich hatte, wurde seine dichterische Laufbahn als geschlossen angesehen, gleichgültig ob er noch „fortfahren würde aus seinem vollen Pulte die Almanache zu schmücken und Bände zu füllen." Mit diesen scharfen Worten schliesst Friedrich Cramer seine Recension und er hat Recht behalten, was Tiedge in dieser langen Reihe von Jahren noch gedichtet hat, es liefert uns keinen neuen Zug zu seinem Bilde.

Die „Wanderungen", die als einzige grössere Dichtung in diese Zeit fallen, sind genau so angelegt wie „die Eitelkeit" und der aus ihr entstandene „Frauenspiegel"; sie sind auch zum grössten Teil satirisch, und es herrscht dieselbe ermüdende Eintönigkeit, weil auch hier die gestaltende Kraft des Dichters fehlt. Ebenso bedeuten die beiden Liedercyklen[1]) „das Echo oder Alexis und Ida" und „Ännchen und Robert" oder „der singende Baum", die 1812 und 1815 erschienen, keinen Fortschritt in der Entwickelung des Dichters. Wohl enthalten sie manches anmutige Gedicht, aber als Ganzes genommen, sind sie durchaus verfehlt, denn es offenbaren sich auch hier die Schwächen der Technik Tiedges. Er versteht es nicht „zur rechten Zeit aufzuhören", und so geht die Kraft der Empfindung verloren. Wie schwer es dem Dichter wurde, die einmal eingeschlagene Bahn zu verlassen, zeigt am besten eine Vergleichung dieser beiden Liedercyklen,

---

[1]) Viele von diesen Liedern waren bereits vorher in den Jahrgängen 1810—1812 und 1814 des Beckerschen Taschenbuchs zum geselligen Vergnügen erschienen; also erst nachträglich hat sie Tiedge zu einem Ganzen verbunden und so „das leichte Band von Wechselbeziehungen", wie er sich in der Vorrede zu „Alexis und Ida" vorsichtig ausdrückt, hergestellt.

die, wenn man auch nicht wörtliche Übereinstimmungen nachweisen kann, doch vollkommen in Idee und Behandlung einander ähneln.

Klein war das Gebiet, auf dem Tiedge sein Können bewies. Nur auf lyrischem und epischen Boden hat er sich bewegt, und nirgends Fortschritt, nirgends Originalität. War bei der Urania Schillerscher Einfluss nicht zu verkennen, so hatte er in seinem andern umfangreichen Gedicht „die Wanderungen" in Franz von Kleist ein Vorbild. In der deutschen Monatsschrift hatte dieser Dichter bereits im Jahre 1791 seine „Denkmale deutscher Dichter und Dichterinnen" erscheinen lassen, die in der Komposition, ebenso wie Tiedge, eine gereimte Litteraturgeschichte geben.

Tiedge zieht in seinen „Wanderungen" nur weitere Kreise; er behandelt auch noch andere Stände und bietet so eine Folie zu seinem „Frauenspiegel." In den kleineren Gedichten, namentlich in den Episteln, verleugnet Tiedge nicht seine Zugehörigkeit zum Halberstadter Dichterkreis, dessen Vorbild Horaz ist, während der Hainbund, namentlich der sentimentale Zug desselben, der durch Hölty vertreten wird, aus vielen seiner andern Gedichte spricht. Dazu kommen die freilich unbedeutenderen Anklänge an Haller, Bürger, Goethe u. a.

Dass eine solche Abhängigkeit, die sich bald diesem, bald jenem Dichter hingibt, jede freie Entfaltung des dichterischen Talents lähmt, ist nur zu natürlich; und da sich Tiedge nur auf einem kleinen Gebiet der Dichtkunst versucht hat, so bleibt wenig übrig, das man als Eigentum des Dichters bezeichnen könnte, und es würde ein mühsames Suchen sein, wollte man Tiedge auf eigene selbständige Gedanken hin durchsuchen.

Gewiss finden sich solche, aber sie werden erdrückt durch den Schwall der Worte. Vor allem hat Tiedge es nie verstanden, seinen Gedichten einen einheitlichen Grundgedanken zu geben und diesen auch durchzuführen. Es sind lose Gedankenreihen, ohne Zusammenhang, die jeder strengen Disposition entbehren. Darum neigte sich Tiedges Natur auch so sehr zu den Episteln, in sie wurde er durch Gleim eingeführt, und von dem epistolarischen Ton hat er sich in seinen grösseren Gedichten nie wieder loszumachen verstanden. Die „Wanderungen", sein letztes grosses Werk, geben davon noch ein beredtes Zeugnis.

Gedankenarmut ist es, worüber wir die Kritiker Tiedges immer und immer wieder klagen hören, und da mutet es einem sonderbar an und verrät wenig Selbsterkenntnis bei Tiedge, wenn er über Tieck und die ganze romantische Schule, mit Ausnahme des einen Novalis, auf das schärfste aburteilt und ihnen gedankenlose Reimerei vorwirft.

Aber einseitig wie im Dichten, so war auch Tiedge einseitig im Urteil. In ihm tritt uns ganz der Dichter des achtzehnten Jahrhunderts entgegen, dem Gellert und Gleim höchste Ideale sind.

Die beiden Hauptströmungen, von denen am Ende des vorigen und Anfang dieses Jahrhunderts die deutsche Litteratur ergriffen wurde, sie gingen spurlos an Tiedge vorüber; er hatte kein Verständnis weder für Goethe und Schiller noch für die Romantik.

Und doch konnte er sich gegen Schiller nicht abschliessen. Willenlos wurde er von dem Dichter, den er nicht anerkennen mochte, mit fortgerissen, damit das Goethische Wort auch an ihm zur Wahrheit werde:

>Auch manche Geister, die mit ihm gerungen,
>Sein gross Verdienst unwillig anerkannt,
>Sie fühlen sich von seiner Kraft durchdrungen,
>In seinem Kreise willig festgebannt.

Lebenslauf.

Verfasser dieser Arbeit, Reinold Paul Kern, evangelischer Konfession, wurde am 18. Juni 1870 zu Danzig als Sohn des im Dezember vorigen Jahres in Berlin als Direktor des Köllnischen Gymnasiums verstorbenen Professors Franz Kern und seiner Gemahlin Clara geb. Runge geboren. Seine wissenschaftliche Vorbildung erhielt er auf dem Stadtgymnasium zu Stettin und dem Köllnischen Gymnasium zu Berlin, welches er am 1. Oktober 1890 mit dem Zeugnis der Reife verliess. Während der ersten sechs Semester widmete er sich dem Studium der germanischen Philologie und Geschichte auf der Universität Berlin und hörte die Vorlesungen folgender Herren: Aegidi, Delbrück, Dilthey, Geiger, Kiepert, Lenz, Löwenfeld†, Marcks, Meinardus, Naudé, Paulsen, von Richthofen, Roediger, Scheffer-Boichorst, Erich Schmidt, Sternfeld, von Treitschke, Wattenbach, Weinhold. Ausserdem besuchte er die historischen Übungen der DD. Marcks und Sternfeld und die deutschen des Professors Roediger und gehörte dem deutschen Seminar des Professors Weinhold ein Jahr lang, dem historischen des Professors Scheffer-Boichorst ein halbes Jahr an.

Oktober 1893 verliess er Berlin, um in Göttingen während der nächsten zwei Semester seine Studien fortzusetzen. Hier hörte er die Vorlesungen der Herren Heyne, Roethe, Steindorff†, Weiland† und war zwei Semester hindurch Mitglied des deutschen Seminars und ein Semester lang Teilnehmer an den Übungen des Professors Weiland†. Nachdem er sich während des Wintersemesters 1894/95 in Berlin aufgehalten hatte, kehrte er Ostern 1895 nach Göttingen zurück und hörte hier die Vorlesung des Herrn Professor Rehnisch und nahm Teil an den von Professor Lehmann geleiteten Übungen des historischen Seminars.

Allen den genannten Herren, seinen hochverehrten Lehrern, vor allem Herrn Professor Heyne, spricht der Verfasser hiermit seinen aufrichtigsten Dank aus.

Kroll's Buchdruckerei, Berlin S.